科学技术赋能乡村振兴的理论与实践研究

马宇舟◎著

中国商务出版社

·北京·

图书在版编目（CIP）数据

科学技术赋能乡村振兴的理论与实践研究 / 马宇舟
著. -- 北京：中国商务出版社，2025.2. -- ISBN 978-
7-5103-5590-5

Ⅰ. F320.3

中国国家版本馆 CIP 数据核字第 2025K9M110 号

科学技术赋能乡村振兴的理论与实践研究

马宇舟◎著

出版发行：中国商务出版社有限公司

地　　址：北京市东城区安定门外大街东后巷 28 号　邮　　编：100710

网　　址：http://www.cctpress.com

联系电话：010—64515150（发行部）　　　010—64212247（总编室）

　　　　　010—64515164（事业部）　　　010—64248236（印制部）

责任编辑：丁海春

排　　版：北京天逸合文化有限公司

印　　刷：宝蕾元仁浩（天津）印刷有限公司

开　　本：710 毫米×1000 毫米　1/16

印　　张：13.25　　　　　　　　　　　字　　数：203 千字

版　　次：2025 年 2 月第 1 版　　　　　印　　次：2025 年 2 月第 1 次印刷

书　　号：ISBN 978-7-5103-5590-5

定　　价：79.00 元

前　言

科技兴则民族兴，科技强则国家强。科学技术是推动社会发展的基石与动力。科学技术在乡村振兴中发挥着积极的促进作用，不仅催生了乡村新业态新模式，推动了乡村网络文化蓬勃发展，也为乡村治理效能的提升提供了助力，并且促使智慧绿色乡村建设进入了新的阶段。总之，科学技术为乡村振兴提供了动力与支撑，但不容忽视的是，科学技术赋能乡村振兴也面临着一定的现实困境。一些问题阻碍了乡村振兴的进程，弱化了科学技术的优势，急需寻找有效的解决方式，为科学技术赋能乡村振兴提供助力。

鉴于此，本书从科学技术这一视角入手，重点探究了乡村振兴的多个维度，主要包括以下几部分内容。

第一章，简要概述了本书的研究背景与意义，系统整理国内外学者关于科学技术、乡村振兴战略、科学技术赋能乡村振兴等方面的理论研究成果，明确不同学者的不同观点，并简要介绍了本书的研究思路与内容、研究方法，确保本书撰写具有较强的理论基础。同时，对本书涉及的关键概念进行解析，围绕善治理论、可持续发展理论、技术创新理论、马克思恩格斯列宁的乡村建设思想等理论来阐述本书的理论基础。

第二章，将科学技术赋能乡村振兴的历程划分为三个阶段：基础培育阶段（1984—2011 年）、起步发展阶段（2012—2017 年）、加速推进阶段（2018 年至今）。科学技术在每一阶段都不同程度地发挥着作用，并系统总结了科学技术赋能乡村振兴的时间成效，以彰显科学技术的优势与功能。

第三章，分析科学技术对乡村振兴产生的深远影响，主要表现在农业生产、农村生产以及农民生产三个方面，并梳理了我国科学技术赋能乡村振兴的典型案例，通过经验总结归纳了科学技术赋能乡村振兴的有效方式。

第四章，重点剖析科学技术赋能乡村振兴的现实困境，如乡村基础设施建设不完善、乡村科技人才较为欠缺、科技成果转化率有待提升、基层领导干部学习意识不强、科技文化与乡土文化融合度不够等，并分析了这些问题产生的原因。

第五章，针对上述研究成果，提出了科学技术赋能乡村振兴的有效路径：一是提升乡村基础设施建设水平；二是培养与引进科学技术人才；三是建立健全科技成果转化机制；四是基层干部积极主动学习；五是加强科技文化与乡土文化融合。同时，并围绕组织保障、技术保障、资金保障提出了科学技术赋能乡村振兴的保障措施，从而发挥科学技术在乡村振兴中的积极效用。

总之，本书重点探究了科学技术赋能乡村振兴的理论与实践，并取得了有价值的研究成果。由于笔者的研究精力有限，书中难免存在不足之处，希望在日后的研究中能够进行补充和完善，为我国乡村振兴战略的顺利实施提供助力。

作　者
2024 年 12 月

目　录

第一章　绪　论

第一节　研究背景与意义

一、研究背景

乡村振兴战略于 2017 年党的十九大报告中正式被提出，是我国步入 21 世纪后，全面实现社会主义现代化建设的重要战略目标之一。而在我国大力推动乡村振兴战略实施的过程中，科学技术发挥着不可替代的重要作用，逐渐应用于乡村发展的各个领域，并扮演着越来越重要的角色。长期以来，我国乡村地区在基础设施、产业发展、生态环境、教育水平等方面存在诸多问题。尤其乡村地区的信息化建设和技术创新，较之城市仍有极大的差距，科学技术应用水平低下。不过，随着我国物联网、大数据、人工智能等科学技术的飞速发展，乡村振兴迎来更多的机遇与可能。国家及各级部门先后出台了《乡村振兴科学技术支撑行动实施方案》①《关于实施"科学技术助力乡村振兴行动"的意见》②《关于扎实推进科学技术帮扶巩固拓展脱贫攻坚成果助

---

① 农业农村部办公厅关于印发《乡村振兴科学技术支撑行动实施方案》的通知。http://www.moa.gov.cn/gk/ghjh_1/201809/t20180930_6159733.htm.

② 两部门联合发布《关于实施"科学技术助力乡村振兴行动"的意见》。https://nongye.yantai.gov.cn/art/2022/8/3/art_20507_2917190.html.

力乡村振兴的工作方案》① 等一系列政策，旨在促进科学技术创新成果的乡村转化，为乡村振兴提供强大的动力。在此背景下，科学技术如何助力乡村振兴，成为亟待解决的核心问题。因此，研究科学技术赋能乡村振兴的理论依据与实践策略，具有重大现实意义。

二、研究意义

一方面，从理论意义上讲，本研究旨在深度揭示我国当前的科学技术与乡村振兴结合的实践情况，阐明科学技术创新推动乡村发展的内在机制，为促进乡村振兴战略的理论深化与完善奠定一定的基础。另一方面，从实际意义上来讲，对已有成功案例进行深入的分析研究，能够为其他乡村充分落实振兴发展战略提供具体的科学技术应用模型和经验，帮助其优化资源配置，实现经济发展，进而提升我国整体的综合发展实力。因此，就科学技术赋能乡村振兴发展进行理论与实践的研究，既有重要的学术研究进展，也能有效推动我国乡村发展战略的实施。

第二节　国内外研究现状

一、科学技术

科学技术是科学和技术的统称。前者解决理论问题，或者以前者为基础，解决实际问题，所以前者以发现自然界中确凿的事实与现象之间的关系，并建立理论把事实与现象联系起来为己任。后者则偏重于如何将前者的成果用以解决现实问题。简言之，科学面向未知领域，强调突破，极富不可预见性，技术则针对较为成熟的已知领域，所完成的工作有极强的可准确预见性。关于科学技术的国内研究，目前知网能够检索到的文献数量超过 44 万篇，其中

---

① 省科学技术厅出台十条措施助力乡村振兴。http://www.tianxin.gov.cn/zwgk8/bmxxgkml/qkjj/gzdt94/202202/t20220209_10466403.html.

主要的研究主题有科学技术思想、高新技术、知识经济、科学技术管理、科学与技术的关系、科学技术创新、现代科学技术、生产力等。

就科学技术思想来讲，马援、侯波（2024）认为，习近平总书记的科学技术观是马克思主义关于当代科学技术发展的最新规律性认识，既让我国的科学技术事业在历经百余年的发展变革后总结出了经验规律的新高度，也开辟了我国的新时代新征程中，推动科学技术创新、支撑强国建设、民族复兴等战略发展的新境界。因此，深入学习习近平总书记的科学技术观，对于推动我国科学技术强国战略的有效落实有显著作用[①]。牛利娜、鲁春霞、侯志江（2024）指出，习近平总书记的科学技术创新重要论述中内涵深刻的伦理思考，为我国新时期的新质生产力培育奠定了价值基础，所以从价值引领、价值旨归、价值守护、价值创造等方面呈现鲜明特质的重要论述，能够为我国当前的基础制度建设、科学技术活动实施及科学技术职业推进等指明方向[②]。

就高新技术来讲，细分的研究主题比较多，比如产业化、税收优惠政策、工业产值、风险投资、企业、传统产业等。于健南、陈泽琪（2024）以数智化为前提对广东省的高新技术企业进行了绩效实践的研究，发现数智化转型极大地影响了该省高新技术企业的绩效提升，需要企业通过审慎考虑数智化技术投入与企业绩效之间的平衡等对策以谋求发展优化[③]。刘艳莉（2024）就高新技术企业的人才流失问题进行了研究，发现薪酬缺乏竞争力、缺乏对人才的职业生涯管理、工作缺乏挑战性、对人才的激励不适当等是主要诱因，并提出了完善薪酬体系、重视职业生涯管理等防范对策。毋庸置疑，国家创新驱动发展战略的不断推进让高新技术的应用与研究备受重视。从科学技术创新到产业应用，高新技术已经成为推动国家经济社会发展、提升国际竞争力的重要动力。

---

① 马援，侯波. 习近平科学技术观的理论特质和时代价值 [J/OL]. 广东社会科学，2024(6)：5-14.

② 牛利娜，鲁春霞，侯志江. 习近平关于科学技术创新重要论述的伦理底蕴、生成图景和伦理特质 [J]. 北京科学技术大学学报(社会科学版)，2024，40(06)：17-23.

③ 于健南，陈泽琪. 数智化对广东高新技术企业绩效的影响及其对策研究 [J]. 经济界，2024(06)：51-59.

就知识经济来讲，科学技术能够为知识经济的发展提供基础支撑与创新动力，而知识经济的快速发展势必带动科学技术的应用与更替。所以，二者是现代社会发展的两大关键驱动力，关系密切且互相促进。关于二者相结合或以知识经济发展凸显现代科学技术进步的相关研究中，卢震（2017）认为，在创新驱动发展战略的影响下，我国经济早已步入"新常态+新经济"的新经济时代，故而应从保护知识产权、建立高素质的队伍、完善企业金融服务和减轻企业税收负担、增强原始科学和技术的供给能力、构建知识经济国家创新体系五个着力点进行知识经济的供给侧改革[1]。陈文才（2016）就知识经济与科学技术创新的关系指出，全球化推进让知识的重要性越发体现出来，企业受此影响多由传统的劳动密集型、资金密集型转向技术密集型，科学技术在企业生产中的作用越来越明显。因此，时下，经济本质上是一种"知识型"经济，与科学技术创新、技术进步密切相关[2]。随着全球科学技术创新的加速，未来，经济将更加依赖于科学技术的应用和知识的高效流通。

就科学技术管理来讲，时至今日，科学技术快速发展，其在社会、经济、文化等各个领域的作用愈加凸显。因此，如何实现科学技术管理上的系统化和科学化成为相关领域的重要研究与实践课题。石绍峻、邵焕荣、张振伟（2018）认为，当下，我国的科学技术管理被赋予科学技术化、技术科学化、科学技术一体化多学科科学技术交叉融合等新的特征，须通过发挥科学技术体制的优势、加快技术创新发展等不断创新科学技术管理理念与模式[3]。周婷、陈丹等（2019）认为，我国新时期的科学技术管理面临资源配置、实践模式两方面的严峻挑战，需要通过管理与服务并行、优化科学技术资源配置、完善科学技术管理模式等进行优化。此外，人才培养、成果转化、技术创新、体制改革等也是科学技术管理中备受关注的研究方向。大家普遍认为，深化科学技术管理改革、构建高效灵活的管理体系是新时代促进科学技术进步与

---

① 卢震. 知识经济供给侧改革的五大着力点 [J]. 领导之友，2017(23)：22-26.
② 陈文才. 浅谈知识经济与科学技术创新 [J]. 科学技术风，2016(13)：50.
③ 石绍峻，邵焕荣，张振伟. 知识经济时代下的科学技术管理创新 [J]. 科学技术创新与应用，2018(07)：120-123.

发展的必然选择。

就科学与技术的关系来讲，邵朋飞（2024）认为，在19世纪正式出现"科学技术"之前，"科学"和"技术"一直都是分开的，且"科学"与"技术"可以相互替代，这说明二者之间存在明显的共通性，不过随着时间的推移，"科学"与"技术"的结合产生了巨大的力量，也经历了诸多"分分合合"①。刘稳高（2019）在研究中引入马克思的观点，认为科学的本质就是用理性的方法获取感性的材料，赋予知识形态明显的理论化与系统化特征，并明确人对自然的理论关系，技术则是用以体现人类价值的以劳动为前提的创造物，将人与自然真正连接起来，发挥人类头脑器官的作用。他认为，科学技术的发展提升了科学与技术的融合速率，技术走向科学化，而科学凸显技术化，并且二者共同作用于社会的进步与发展②。所以，科学是技术的基础，为技术创新准备了方向，技术则促进科学发展，让科学探索更具深度和广度，二者并非单向性关系，而是相互促进、相辅相成的双向互动，具有知识转化与实践创新的双重作用。

就科学技术创新来讲，其已经成为当世促进社会经济发展的核心力量，在深刻改变着人类的生活方式、工作模式及思维方式的同时，也在不断影响全球的经济、政治及文化等。尤其在全球化、信息化、智能化迅速发展的今天，科学技术创新更趋重要。现阶段关于科学技术创新的研究多见于高质量发展、企业技术创新、农业技术发展、创新驱动发展战略等方面，并且各界对科学技术创新的重视显见，希望通过政策支持、资源投入和人才培养等让科学技术创新走向更高的层次和更广泛的领域。

就现代科学技术来讲，其是推动社会进步、经济发展以及文化创新的核心动力，以科学理论为基础，通过技术手段将知识应用于实践，从而改造自然、服务人类。现代科学技术主要包括信息技术、生物技术、新材料技术、能源环境技术及航天航空技术等，对于经济发展、文化传承、教育改革、社

---

① 邵朋飞. 以解释鸿沟辨析"科学"与"技术"还是"科学技术"[J]. 洛阳师范学院学报，2024，43（03）：34-38，48.

② 刘稳高. 探析马克思视域中科学与技术的辩证关系［J］. 时代报告，2019(12)：94-95.

会生活改善、全球治理及可持续发展等都有极其深远的影响。不过，时至今日，科学技术发展引发的技术伦理问题、环境代价、技术鸿沟等，使现代科学技术面临严峻的发展挑战。现有的相关研究中，知网能够检索到的文献数量在 1.02 万篇左右，但其中涉及的研究领域或方向几乎遍布前述所有领域。可见，现代科学技术正在以前所未有的速度影响着社会的方方面面，不断正视和解决其发展中存在的问题，未来势必带给人类更多的福祉，引领人类开启更美好的新时代。

就生产力来讲，其作为科学技术应用的实践基础，能够为科学技术的发展提供实践驱动，并可以进行结果反馈，进而不断改进和创新技术成果。科学技术是第一生产力。现阶段关于科学技术与生产力关系的研究，主要从"科学技术就是生产力"和科学技术视域下推进新质生产力发展的若干问题两个方面展开。比如，武志（2024）就科学技术视阈下加快发展新质生产力的几个问题展开研究，认为当下唯有处理好"等不得和急不得"、有效市场和有为政府、国有企业和民营企业、新型生产关系和新质生产力等的关系，方能要实现共享发展，扎实推进共同富裕①。杨春学（2021）认为，"科学技术是第一生产力"是毋庸置疑的极富时代特征的科学命题，是一种以科学技术与社会经济关系为出发点的对社会发展最新趋势的判断，是"科教兴国"战略的重要思想和理论基础。

而无论从哪个方面就科学技术进行深层次的理论与实践研究，都能够帮助人们真正理解科学与技术的关系，明确科学技术在引领社会改革发展中发挥的重要作用，引导人们学会利用科学技术成果解决现实问题，促进人类可持续发展，最终实现科学技术与人类文明的共同进步。

国外相关的研究文献极多，研究范围涵盖科学技术发展成果、科学技术伦理、科学技术发展战略、外文文献科学技术论文的特点、国外科学技术资料馆藏目录以及国外科学史研究等，旨在据此为现代科学技术的发展提供支持与指导。Ignacz 等（2024）在研究中明确指出，机器学习正在迅速改变自然

---

① 武志. 科学技术视阈下加快发展新质生产力的几个问题［J］. 福建师范大学学报（哲学社会科学版），2024（06）：77-84.

科学的面貌，并有可能彻底改变数据分析和假设形成的过程以及扩展科学知识[①]。Deborah 等（2022）指出，在教育情境中，计算思维正受到越来越多的关注，机器人编码玩具也逐渐成为被广泛应用于早期计算的教学手段[②]。但值得关注的是，迄今为止，儿童与计算机交互的情感关系解读不够明晰，无法有效确保儿童在计算环境中获得并提升社会责任意识。因此，关怀伦理必须成为计算话语的一部分，这样才能实现可持续的社会生态关系的维稳。

二、乡村振兴战略

乡村振兴战略实施以来得到国内专家学者的广泛关注与研究，现有的研究主要集中于内涵、特征及评价等维度。廖彩荣、陈美球（2017）认为，乡村振兴战略以"战略"二字为核心要义，是新时代我国充分实现"三农"的新发展，助力"三农"走向新形势，完成新任务，达到新目标的重大决策和部署；另外，"振兴"是乡村振兴战略实施的关键，以促进乡村兴旺发展为目的[③]。黄祖辉（2018）就乡村振兴战略与城镇化的关系进行了深刻的研究探讨，认为要进一步实施乡村振兴战略，离不开城乡一体化框架下的推进，且实现城市化全面发展必然包含其中[④]。姜长云（2018）认为，乡村振兴和新型城镇化是全面推进乡村振兴战略实施不可或缺的两大驱动引擎[⑤]。魏后凯、刘长全（2019）认为，乡村振兴是一种全方位的振兴，新时代下要采取综合配套、整体推进的方式全面推进乡村振兴[⑥]。齐文浩、朱琳、杨美琪（2021）认为，社会力量在促进乡村振兴战略实施中发挥着重要作用，不仅有利于农业现代化

① Ignacz G, Bader L, Beke K A, et al. Machine learning for the advancement of membrane science and technology: A critical review [J]. Journal of Membrane Science, 2024.

② Deborah S, Jody C, F J Shumway, et al. Children caring for robots: Expanding computational thinking frameworks to include a technological ethic of care [J]. International Journal of Child-Computer Interaction, 2022.

③ 廖彩荣，陈美球. 乡村振兴战略的理论逻辑、科学内涵与实现路径 [J]. 农林经济管理学报，2017，16(06)：795-802.

④ 黄祖辉. 准确把握中国乡村振兴战略 [J]. 中国农村经济，2018(04)：2-12.

⑤ 姜长云. 实施乡村振兴战略需努力规避几种倾向 [J]. 农业经济问题，2018(01)：8-13.

⑥ 魏后凯，刘长全. 中国农村改革的基本脉络、经验与展望 [J]. 中国农村经济，2019(02)：101-115.

发展，也能够进一步拓宽农民增收的渠道，助力乡村地区的文化传承与保护①。燕连福、毛丽霞（2022）认为，如何实现县域公共服务均等化是当前促进乡村振兴战略实施中亟待解决的"短板"问题②。关于如何就乡村振兴战略的实施效果予以合理准确的评价，也是相关研究中极其重要的领域。张挺、李闽榕、徐艳梅（2018）依据国家农业现代化标准、小康社会建设指标体系以及已有实践成效、学界现有研究成果等，设计了集经济、产业、环境和教育等为一体的综合性多领域乡村振兴战略实施评价指标体系，为评估乡村发展水平提供了重要的量化依据③。沈剑波、王应宽、朱明等（2020）聚焦乡村振兴的五大总要求，通过对相关内容的评述分析，结合专家咨询和实地调研，围绕乡村振兴的核心领域建立了针对性强的评价指标体系④。张琦、庄甲坤、李顺强等（2022）以共同富裕目标与乡村振兴指标的结合为出发点，深入探讨了乡村振兴领域具体指标的构建路径，提出了具有实践指导意义的策略和方法⑤。文丰安（2024）进行了中国式现代化进程中乡村振兴战略的实施效果评价的原则、要素等的具体研究，认为当前的时代背景下，要全力推动乡村振兴战略实施，必须坚持系统性原则、导向性与科学性相结合原则、经济效益与社会效益相结合原则、全面性和典型性相结合原则等，并以过程、成果及影响因素为必要的战略实施效果评价要素⑥。

"乡村振兴""乡村振兴战略"都是极具中国特色的词语，国外并无相应的说法。不过在相关的研究中有与之相似者，多见于农村发展、乡村经济发

① 齐文浩，朱琳，杨美琪. 乡村振兴战略背景下农村产业融合的农民增收效应研究［J］. 吉林大学社会科学学报，2021，61（04）：105-113.
② 燕连福，毛丽霞. 县域公共服务均等化推动乡村振兴的目标旨归、面临问题和实践路径［J］. 兰州大学学报（社会科学版），2022，50（05）：1-12.
③ 张挺，李闽榕，徐艳梅. 乡村振兴评价指标体系构建与实证研究［J］. 管理世界，2018，34（08）：99-105.
④ 沈剑波，王应宽，朱明，等. 乡村振兴水平评价指标体系构建及实证［J］. 农业工程学报，2020，36（03）：236-243.
⑤ 张琦，庄甲坤，李顺强，等. 共同富裕目标下乡村振兴的科学内涵、内在关系与战略要点［J］. 西北大学学报（哲学社会科学版），2022，52（03）：44-53.
⑥ 文丰安. 中国式现代化进程中乡村振兴战略实施效果评价的原则、要素及路径［J］. 华中农业大学学报（社会科学版），2024（04）：25-34.

展等方面，且现有的相关研究主要集中在乡村发展的促进要素、主体功能、理论内涵及实践案例等方面。Johnson（1989）认为，乡村经济发展应以资金投入为重要举措①。Greene（1998）则认为，只有政府大力发挥乡村发展的主体作用，才能够有效促进农民推动农业多元化发展②。Lilja、Bell（2013）在研究中发现村民参与和共同决策的重要性，认为只有提高村民的共同决策意识，积极引导其共同对话，形成统一的发展愿景，才能达成共同的行动计划③。Lee（1983）对我国乡村经济的发展展开深入研究后提出了一种涵盖提高农民生活水平、增强农民生产力、制订详细发展计划等多个方面的乡村发展理论，强调要尽量保护乡村经济发展的地方自主性，减少对传统生活方式的干扰④。

三、科学技术赋能乡村振兴

关于"科学技术"与"乡村振兴"两个关键词结合起来进行研究的文献，目前知网能够检索到的有 2.81 万篇左右，但国外的相关研究基本处于空白状态，而国内也没有两个关键词同时作为研究的相关文献。大多数文献都以"数字经济""绿色发展理念""高质量发展""产业融合""数字科学技术"等作为"科学技术"的细分领域展开具体研究。尤其以"数字技术"展开乡村振兴发展的研究最多。比如，戈大专、龙花楼（2024）明确指出："数字技术赋能乡村发展新动能为落实农业农村优先发展创造了新机遇，面向数字时代的空间治理新模式可为保障乡村现代化提供新路径。⑤"刘威、罗伟祎（2024）基于"数商兴农"就农村电子商务助力乡村振兴发展提出有效策略，认为农村电子商务发展中引入数字技术应用与创新的商业发展模式，实现其与乡村

① Johnson T G. Entrepreneurship and development finance：Keys to rural revitalization ［J］. American Journal of Agricultural Economics，1989，71（05）：1324-1326.

② Greene M J. Agriculture diversification initiatives：State government roles in rural revitalization ［J］. Rural Economic Alternatives，1998.

③ Lilja，M.，Bell，S. Understanding rural community resilience in context：A framework for action ［J］. Journal of Rural Studies，2013，32：90-101.

④ Lee，D. A. M. Peasant agriculture and rural development in China：Some recent issues in research and interpretation ［J］. Journal of Contemporary Asia，1983，13（04）：497-514.

⑤ 戈大专，龙花楼. 论数字乡村空间治理与中国乡村现代化 ［J/OL］. 地理学报，2024-12-05.

产业的深度融合，对于助力乡村振兴发展有积极作用①。李红波（2024）认为，数字技术发展至今，已经成为有效实施乡村振兴战略不可或缺的关键抓手，并提出加强数字乡村基础设施建设与优化、加快农业数字化转型与现代化发展进程、促进乡村数字产业发展等多方面的数字技术，助力乡村振兴发展的具体策略②。完世伟、汤凯（2022）认为，数字技术与农业相结合，既能够实现劳动力的大解放，也能够有效提高生产效率与产品质量③。周新德、周杨（2021）认为，基于数字技术进行产业融合，能够有效改善和解决我国长期形成的农村产业结构单一的问题，实现农业产业链条的延伸，并拓宽产业发展空间，以现代智能化生产、特色品牌打造、信息化销售服务等形成完整的服务链条，在优化农村资源配置的同时，提升农产品附加值④。郭朝先、苗雨菲（2023）认为，电子商务发展让传统的产品营销中的信息不对称、中间环节多、交易主体多、交易成本高等问题得到了有效解决，以数字技术为载体实现了买家与卖家的直接联通，交易主体在网络平台就能够以极少的成本获取交易信息，进而各取所需，自由选择⑤。张蕴萍、栾菁（2022）认为，数字经济使得生产走向节约化，资源利用更趋合理，环境污染不断减少，绿色发展成为时代主旋律，精准施肥、精准温控、节水灌溉及农业废弃物开发利用都早已成为现实，数字技术极大地提升了现代教育的质量，尤其"互联网+教育"的出现，惠及乡村地区，让学生接受知识的渠道由传统的课堂、书本扩展至互联网，不断丰富乡村地区教育资源的同时，也在持续促进教育公平，让乡村地区的学生与教师都能够得到更好的成长与发展⑥。大体上讲，数字经济赋能

① 刘威，罗伟祎."数商兴农"背景下农产品电子商务助力乡村振兴的策略研究［J］.商展经济，2024（22）：71-74.

② 李红波.数字乡村赋能乡村振兴的发展路径研究［J］.现代农机，2024（06）：20-22.

③ 完世伟，汤凯.数字经济促进乡村产业振兴的机制与路径研究［J］.中州学刊，2022（03）：29-36.

④ 周新德，周杨.数字经济赋能乡村产业振兴的机理、障碍与路径研究［J］.粮食科学技术与经济，2021，46（05）：21-26.

⑤ 郭朝先，苗雨菲.数字经济促进乡村产业振兴的机理与路径［J］.北京工业大学学报（社会科学版），2023，23（01）：98-108.

⑥ 张蕴萍，栾菁.数字经济赋能乡村振兴：理论机制、制约因素与推进路径［J］.改革，2022，339（05）：79-89.

乡村振兴的研究可以划分为直接影响机制与间接影响机制两个大的维度，前者主要从产业兴旺、乡村生态宜居、乡风文明、乡村治理效率等方面展开研究，后者则更偏向于数字技术对技术创新的影响、技术创新对乡村振兴的影响等方面。但无论从哪个角度来讲，数字技术促进乡村振兴战略实施的积极作用都是不言而喻的。

四、研究述评

通过对大量文献数据资料的分析整理不难发现，现阶段国内外关于科学技术、乡村振兴、乡村振兴战略及乡村振兴和乡村振兴战略相结合的研究，在文献数量及成效上都是极其显著的，且研究维度极其广泛。而大量研究实践也充分证明，科学技术的引入在有效提高农业生产效率、改善农村居民生活质量、保护农村生态环境方面发挥了巨大作用。换言之，通过科学技术赋能能够大力推动我国的乡村振兴战略的实施。本研究基于已有研究展开，希望能够从中获得启示，为助力乡村振兴奠定理论基础。

第三节 研究思路与内容

一、研究思路

本研究先以文献研究法为理论基础，然后通过归纳总结法对科学技术赋能乡村振兴的历程、成就及深远影响进行分析和呈现，接着进行了具体的案例分析，总结了其中的经验启示，最后深挖了科学技术赋能乡村振兴的现实困境及成因，并据此提出了解决策略。

二、研究内容

本研究的内容共分为五章。

第一章：理论准备。阐明研究的背景、意义、国内外研究现状、思路、方法、概念界定、理论基础等。

第二章：成就影响。从历程、实践成效、深远影响三方面归纳总结了科学技术赋能乡村振兴的既有成果。

第三章：案例呈现。分析和解读科学技术赋能乡村振兴的典型案例，从中汲取经验教训。

第四章：问题对策。深挖科学技术赋能乡村振兴存在的问题，明确问题成因，提出针对性解决的对策。

第五章：归纳总结。对研究过程及结果进行全面完整的整理、分析与归纳。

第四节　研究方法

一、文献研究法

本研究通过收集、整理、分析和总结已有的关于"科学技术""科学与技术""科学技术创新""乡村振兴""乡村发展"等文献资料，了解科学技术视域下乡村振兴的研究现状、理论基础、主要成果及发展趋势等，为研究奠定理论基础。

二、案例分析法

本研究对科学技术赋能乡村振兴的典型案例的背景、实施过程、取得的成果及遇到的挑战等进行了分析和解读，从中得出结论，获得启示，为其他地区的乡村振兴发展提供经验与借鉴。

三、归纳总结法

本研究通过深入分析大量文献资料、网络数据等，归纳出乡村振兴与科学技术结合的研究与实践中已有的案例、理论研究等的共性、规律，希望能够为未来相关政策的制定和实践提供前瞻性建议。

第二章 相关概念及理论基础

第一节 概念界定

一、科学技术

科学技术作为现代社会的核心驱动力，对人类社会的发展与进步起着至关重要的作用。为了更好地理解和分析科学技术，需从多个角度对其概念及内涵进行深入的解读。

（一）概念及内涵解读

1. 知识体系

"科学技术"这一词汇首先指向一种广泛而深邃的知识体系。这一体系是人类在漫长的历史进程中，通过对自然的深入探索和对社会的不断改造，逐步积累而形成的。科学技术涵盖众多学科领域，既有自然科学中的物理、化学、生物等，揭示了自然界的基本规律和现象，也有社会科学中的经济学、政治学、心理学等，为理解人类社会的运作机制和行为模式提供了重要的视角和工具[1]。这些知识体系是人类智慧的结晶，是人类文明进步的基石。通过

---

[1] 何求. 科学技术力量点亮乡村振兴路 [J]. 当代广西, 2021(24)：42.

不断探索和研究，人类能够更深入地理解世界的本质和规律，把握事物发展的内在逻辑和趋势。同时，这些知识体系也为人类的实践活动提供了科学的指导和依据，使人类在面对各种挑战和问题时，能够做出更为明智和有效的决策。随着科学技术的不断发展和社会的不断进步，这一知识体系不断丰富和完善。新的科学发现和技术创新不断涌现，为人类认识世界和改造世界提供了新的手段和方法，也为未来的探索和发展开辟了新的道路和可能。

2. 技术手段与工具

科学技术除了作为一种知识体系，还扮演着技术手段与工具的重要角色。这一角色使科学技术成为人类解决实际问题的强大武器。这些技术手段与工具的形式多种多样，既有实体的物理设备，也有虚拟的软件程序。这些工具和方法的应用，使得人类能够更高效地完成各种任务，提高生产效率，优化资源配置，从而推动社会的进步和发展。例如，在工业生产中，自动化设备和智能制造系统的应用，极大地提高了生产效率，降低了生产成本，同时也提高了产品的质量和可靠性；在医疗领域，先进的医疗设备和诊断技术的出现，使得医生能够更准确地诊断疾病，制定有效的治疗方案，从而挽救无数生命。可以说，科学技术作为技术手段与工具，已经成为人类生活中不可或缺的一部分。科学技术的应用不仅改变了人们的生产方式和生活方式，也深刻地影响了人们的思维方式和价值观念。

3. 应用层面

科学技术的应用几乎触及人类社会的每一个角落，深刻地影响和塑造着人类世界。在工业生产领域中，科学技术的力量尤为显著。通过引入先进的生产工艺和设备，企业能够大幅提高生产效率，降低生产成本，从而在全球化的市场竞争中占据有利地位。这不仅推动了经济的快速增长，也为消费者带来了更加丰富多样的产品选择。在农业生产中，科学技术的贡献同样不可小觑。通过改良作物品种、优化种植技术，农民显著提高了作物的产量和质量，为全球的粮食安全和农业发展做出了重要贡献。在医疗领域，科学技术成为人类健康的守护者。新药的研发、医疗设备的更新迭代，使许多曾经难以治愈的疾病得到了有效的治疗，极大地延长了人类的寿命，提高了生活质量。此外，在教育领域，科学技术的创新也为教学方法和教育质量的提升带来了新的可能。数字化教学资源的普及、在线学习平台的兴起，让更多人有机会接受优质的教育，促进了全球教育资源的共享和平衡。

4. 创新驱动

科学技术作为知识体系与技术手段的结合体，还具备创新驱动的鲜明特点。科学技术如同不竭的动力源泉，持续推动着人类社会的发展和进步。创新是科学技术发展的灵魂所在。正是有了创新，人类才能够不断突破原有的认知边界，探索未知的领域，发现新的科学原理和技术方法。创新驱动的特点，使得科学技术能够不断为人类提供新的思路和方法，解决各种复杂的问题和应对挑战。在现代社会，科学技术已经成为推动发展的重要动力源泉。无论是经济增长、产业升级，还是社会进步、民生改善，都离不开科学技术的支持和推动。而这一切，都离不开创新的驱动和引领。因此，要高度重视科学技术的创新驱动作用，加强科学技术创新的投入和支持，培养更多的科学技术创新人才，推动科学技术的持续进步和发展，为人类社会的繁荣和进步贡献更多的智慧和力量。

5. 数字化与智能化

在信息技术日新月异的今天，数字化与智能化已成为科学技术发展的两大重要趋势，引领着人类社会走向更加智能、高效的未来。数字化进程正在逐步重塑信息的处理方式。通过将信息转换为数字形式，人们能够更便捷、高效地获取、存储和传播信息。无论是商业数据、学术资料，还是日常生活信息，数字化都让信息变得更加易于管理和利用，极大地提升了信息处理的效率和准确性。而智能化则是利用人工智能等先进技术，赋予设备自主学习、自主决策的能力，实现设备的自动化和智能化运行。在智能制造、智能交通等领域，智能化的应用已经取得了显著成效，不仅提高了生产效率，还提升了产品质量和服务水平。数字化与智能化的结合，正在深刻改变着人类社会的生产和生活方式。从智能家居到智慧城市，从自动驾驶到远程医疗，数字化与智能化的力量正在为人类带来前所未有的便利和可能。

（二）科学技术的特点

科学技术作为推动人类社会进步的重要力量，其内涵丰富且特点鲜明，具有以下几个显著的特点。

1. 探索性

科学技术的发展始终伴随着对未知世界的勇敢探索。这一特点体现在科学家们不断挑战人类的认知极限，努力拓展人类对世界的认识深度和广度上。从宇宙的起源到微观粒子的特性，从生命的起源到遗传密码的解读，科学技术发展的每一步都是对未知领域的勇敢探索。这种探索精神不仅推动了科学的进步，也激发了人类对未知世界的好奇心和求知欲，成为人类智慧的重要体现。

2. 创新性

创新是科学技术发展的核心驱动力。创新要求科研人员不断突破传统思维框架，勇于尝试新的理论、方法和技术。正是这种不断创新的精神，使得科学技术能够持续进步，不断推动人类社会向前发展。从蒸汽机的发明到互联网的普及，从基因编辑技术到人工智能的兴起，每一次科学技术革命都源于创新的力量。创新不仅为科学技术本身注入了活力，也为经济社会发展提供了强大的动力源泉。

3. 系统性

科学技术的发展是一个复杂而系统的过程，涉及多个学科和领域的交叉融合，需要综合运用各种知识和技术手段。在当今社会，单一学科的研究已经难以满足科学技术进步的需求，跨学科合作成为常态。这种系统性特点要求科研人员具备丰富的知识和跨学科的思维方式，以便找到复杂问题的创新解决方案。同时，其也促进了不同学科间的交流与融合，推动了科学技术的整体进步。

4. 应用性

科学技术的最终目的是服务于人类社会，具有很强的应用性。科学技术的发展必须紧密结合实际需求，解决实际问题。从提高生产效率到改善生活质量，从环境保护到社会治理，科学技术的应用无处不在。这种应用性特点使得科学技术成为推动社会进步的重要力量，也为科研人员提供了广阔的实践舞台。

5. 风险性

科学技术的发展并非一帆风顺，而是伴随着一定的风险和挑战。新技术的研发和应用可能带来一些未知的风险，如技术失控、生态破坏、伦理问题等。科研人员和社会各界应共同关注这些风险，并采取有效措施进行防范和应对。同时，科学技术的风险性也提醒人们，在追求科学技术进步的同时，必须保持对自然的敬畏之心，尊重人类的伦理道德，确保科学技术的发展符合人类社会的长远利益。

（三）科学技术的意义

1. 推动经济发展

科学技术是现代经济发展的重要驱动力，能够有效推动产业的升级和转型，提高生产效率和质量，降低生产成本，减少资源消耗[①]。例如，自动化和智能化技术的应用使得生产线上的工人数量大幅减少，而生产效率却得到了显著提高。同时，科学技术的进步也催生了新兴产业和新的经济增长点，如互联网、人工智能、新能源等。这些新兴产业的发展不仅为经济增长提供了新的动力，也为社会创造了大量就业机会。此外，科学技术的发展还促进了国际贸易和投资的增长。随着全球化的深入发展，各国之间的经济联系日益紧密。科学技术的进步使跨国生产和贸易变得更加便捷和高效，推动了国际贸易和投资的增长。这不仅促进了各国经济的繁荣和发展，也为人类社会的进步和繁荣做出了重要贡献。

2. 改善生活质量

科学技术的发展极大地改善了人类的生活质量，为人类提供了更加便捷、高效、舒适的生活方式。例如，互联网技术的普及使人们可以随时随地获取

---

① 邱国梁，张楷龙，张国良，等. 科学技术帮扶西部脱贫山区农业产业振兴的实践与思考——以甘肃舟曲和贵州台江科学技术帮扶实践为例［J］. 农业展望，2024(09)：1-8.

信息和交流思想，极大地丰富了人们的精神生活。同时，医疗技术的进步也为人类带来了更多的健康保障。新型药物和医疗设备的研发使许多疾病得到了有效的治疗和控制，提高了人们的健康水平和延长了寿命。此外，科学技术的进步还推动了教育、文化等事业的发展。互联网和人工智能等技术的应用使教育资源的获取更加便捷和高效，促进了教育的普及和提高。同时，科学技术的进步也推动了文化的交流和融合，使人类社会的文化更加丰富多彩。

3. 促进社会进步

科学技术的发展推动了人类社会的文明进步，能够有效促进文化的交流和融合，推动教育的普及和提高，提高人类的整体素质。科学技术的进步使得人们的思想观念、价值取向和行为方式发生深刻的变化。人们更加注重科学、理性、创新等价值观念的培养和实践，以期推动人类社会的文明进步。同时，科学技术的进步也推动了社会制度的改革和完善，促进了社会公平、正义和民主等价值的实现，推动了社会的和谐稳定和可持续发展。例如，互联网技术的普及使人们可以更加方便地参与政治和社会事务的讨论和决策，推动了社会的民主化和法治化进程。

4. 解决全球性问题

科学技术的进步为解决全球性问题提供了有力的支持，可以帮助人类应对气候变化、环境污染、资源短缺等全球性挑战。例如，新能源技术的发展可以减少对化石燃料的依赖，减少温室气体排放，推动可持续发展。同时，环保技术的进步也可以有效地治理环境污染问题，保护生态环境和生物多样性。此外，科学技术的进步还可以帮助人们应对自然灾害等突发事件。例如，地震预警系统、气象预报系统等技术的应用可以提前预警和预测自然灾害的发生，为人们的生命财产安全提供保障。

总之，科学技术的发展对人类社会具有深远的意义。科学技术推动了经济的发展、改善了人们的生活质量、促进了社会的进步，为解决全球性问题提供了有力的支持。因此，人们应该高度重视科学技术的发展和应用，充分发挥其在推动人类社会进步和发展中的重要作用。同时，人们也应该关注科学技术的潜在风险和挑战，加强监管和评估工作，确保科学技术的健康发展和社会的繁荣稳定。

二、乡村振兴

（一）概念界定

乡村振兴是一个综合性、多维度的战略部署，旨在通过一系列的政策引导和资金投入等措施，全面促进农村地区的经济发展、社会进步和生态文明建设①。这一战略不仅关注农村经济的增长，更重视农民生活水平的提升和幸福感的增强，力求实现城乡之间的协调发展。具体来说，乡村振兴涉及多个方面，包括但不限于农业现代化、农村基础设施建设、农村教育医疗条件的改善、农村社会治理的完善等。推动农业现代化，可以提高农业生产效率，增加农民收入，为农村经济发展注入新的活力。同时，加强农村基础设施(如道路、水利、电力等)建设，可以改善农民的生产生活条件，提高农村地区的整体发展水平。此外，乡村振兴还注重农村教育医疗条件的改善，通过提高农村教育水平和医疗服务质量，为农民提供更好的生活和发展环境。同时，加强农村社会治理，维护农村社会稳定和谐，也是乡村振兴不可或缺的环节。乡村振兴是中国在新时代下对农村问题做出的全面部署，体现了国家对农村发展的高度重视和关心。通过实施乡村振兴战略，可以推动"三农"全面协调发展，提高农民的生活水平和幸福感，为达成实现现代化、全面建设社会主义现代化国家的目标奠定坚实的基础。因此，我们应积极响应国家号召，投身到乡村振兴的伟大事业中去，为农村地区的繁荣发展贡献自己的力量。

（二）内容分析

乡村振兴作为广义性概念，强调基于一系列措施和发展计划，大力推动

---

① 贾立辉，刘成元，马文惠，等. 科学技术助力吉林乡村振兴　培育发展地方特色产业［J］. 农业与技术，2024，44(22)：160-163.

农村地区的经济、社会等的发展，以期改善农村生活条件、增加农民收入、推动农业现代化、保护生态环境和传承乡村文化等。区别于乡村振兴战略，乡村振兴是乡村振兴战略实施所要达到的终极目标。因此，乡村振兴是目标，而乡村振兴战略是实现这一目标的路径和计划结合我国的经济社会发展实际制定，是路线图和方法论，是一种系统性、全面性的战略规划，为通过政策、资源配置和具体行动推动乡村全面发展提供指导与依据。所以无论是前述概念界定，还是此处的内容分析，主题都是乡村振兴，而非乡村振兴战略。乡村振兴是一个多维度、多层次、多主体协同推进的系统工程，旨在全面提升农村地区的综合实力和可持续发展能力。这一过程涵盖了经济、社会、文化、生态、组织等多个方面，各个方面相互关联、相互促进，共同构成了乡村振兴的丰富内涵。

1. 经济发展

乡村振兴的核心在于经济发展是实现农民增收和生活富裕的基础。现代农业的发展是经济振兴的重要路径。通过引入先进的农业技术和管理模式，提高农业生产效率和质量，推动农业现代化进程。同时，促进农村产业结构调整和升级，发展特色农业、绿色农业、休闲农业等多元化产业，拓宽农民增收渠道。此外，加强农产品品牌建设，提升农产品附加值，也是实现经济振兴的重要手段。通过发展农产品加工业、农村电子商务等新兴产业，延长产业链条，增加农民收入来源。在经济振兴的过程中，政府应发挥引导作用，提供政策支持和资金投入，鼓励农民积极参与市场竞争，培育新型农业经营主体，如家庭农场、农民合作社等，提高农业生产的组织化程度和市场竞争力。同时，加强农村金融服务体系建设，为农民提供便捷、高效的金融服务，解决农村经济发展中的资金瓶颈问题。

2. 社会进步

乡村振兴不仅关注经济发展，还注重社会进步。提高农村基础设施和公共服务水平是社会进步的重要内容。通过加强农村道路、水利、电力、通信等基础设施建设，改善农民的生产生活条件，提高农村地区的整体发展水平。同时，加强农村教育、医疗、文化等公共服务体系建设，提高农民的生活质量和幸福感，加强社会治理和村民自治也是社会进步的重要方面。通过完善农村社会治理体系，加强农村基层党组织建设，提高农民的组织化程度，提高乡村社会的凝聚力和活力。同时，加强村民自治，保障农民的民主权利，促进农村社会的和谐稳定。

3. 文化传承

乡村振兴需要保护和传承乡村文化和传统。乡村文化是中华文化的重要组成部分，具有丰富的历史内涵和地域特色。通过挖掘和传承乡村文化，促进城乡交流和融合，增强农民的文化自信和地域自豪感。同时，加强乡村文化教育，提高农民的文化素养和审美能力，推动乡村文化的繁荣发展。在文化传承的过程中，应注重保护乡村文化遗产，如古建筑、传统手工艺等，防止文化资源流失和被破坏。同时，加强乡村文化产业的培育和发展，将文化资源转化为经济优势，促进乡村经济的多元化发展。

4. 生态建设

乡村振兴需要加强农村环境保护和生态修复，实现绿色发展。通过加强农村环境治理，改善农村生态环境质量，打造生态宜居的美丽乡村。同时，加强农村生态修复，恢复和保护农村生态系统，提高农村地区的生态承载力。在生态建设的过程中，应注重推广绿色农业技术和管理模式，减少农业生产对环境的污染和破坏。同时，加强农村生活垃圾分类处理、污水处理等基础设施建设，提高农村环境治理水平。此外，加大农村生态环境监管和执法力度，确保各项环保政策得到有效落实。

5. 组织建设

乡村振兴需要加强基层党组织建设，提高农民的组织化程度。基层党组织是乡村振兴的坚强战斗堡垒，承担着推动乡村经济社会发展、维护社会稳定的重要职责。通过加强基层党组织建设，提高基层党组织的组织力、凝聚力和战斗力，推动乡村社会的凝聚力和活力。在组织建设的过程中，应注重加强基层党员干部队伍建设，提高基层党员干部的思想政治素质和业务能力。同时，加强基层党组织与农民群众的联系和沟通，了解农民群众的需求和诉求，为农民群众提供更好的服务。此外，加强基层党组织与其他社会组织的合作与交流，使二者形成合力，共同推动乡村振兴事业的深入发展。

总之，乡村振兴旨在实现农村经济的繁荣发展，以期助力我国的经济社会现代化发展。乡村振兴是宏观发展愿景，也是发展的理念与方向，是总体布局，更是需要长期持续推进的动态发展过程，是乡村振兴战略的实施目标。而乡村振兴战略则是目标实现的手段与路径，是微观实施框架，聚焦目标达成的步骤、计划及方法等，是理念落地的执行方案，围绕总体布局制订行动计划，通过阶段性目标推动实现乡村振兴。没有乡村振兴战略的指导，乡村振兴目标就难以聚焦，具体实践容易无序或低效；没有乡村振兴的具体目标引领，战略实施就会失去方向和意义。所以乡村振兴的内容走向与乡村振兴战略的实施维度具有一致性，但也有所区别，前者相对笼统，后者则更为具体。

（三）战略维度

1. 产业振兴

产业振兴战略实施的核心在于发展现代农业，这是提升农村经济水平的根本途径。现代农业的发展，离不开农业科学技术的创新。引入先进的农业科学技术，可以有效提高农业生产效率，优化农产品品质，使农业变得更加高效和可持续。同时，生态农业的发展也是现代农业的重要组成部分。生态农业强调在保护生态环境的前提下，实现农业的经济价值，推动农业与自然的和谐共生。除了发展现代农业，产业振兴战略的实施还注重农村一二三产业的融合发展。这种融合不仅打破了传统产业的界限，更推动了乡村产业体系的构建和完善。通过一二三产业的融合发展，实现农业产业链的延伸和增值，提高农产品的附加值，为农民带来更多的经济收益。此外，产业振兴战略的实施还强调提升农村基础设施水平。这包括加强农村道路、水利、电力、通信等基础设施建设，改善农村生产生活条件，提高农村现代化水平。这些基础设施的完善，不仅为农业生产提供了有力的保障，也为农村社会的发展注入了新的活力。产业振兴是乡村振兴战略的坚实基石。通过发展现代农业、促进产业融合和提升基础设施水平，为乡村振兴战略的实施提供源源不断的动力，推动农村经济社会的全面发展。在未来的发展中，应继续实施产业振兴的各项措施，为乡村振兴战略的有效实施注入更多的活力和动力。

2. 文化振兴

文化振兴在乡村振兴战略的实施中扮演着举足轻重的角色，不仅是乡村振兴战略的重要组成部分，更是其有力支撑。文化振兴旨在通过一系列举措，深入挖掘并传承优秀传统农耕文化，同时挖掘和培养乡土文化人才，以弘扬主旋律、树立社会正气，进而培育文明乡风、良好家风、淳朴民风，全面改善农民的精神风貌，提升乡村社会的文明程度。加强思想道德建设是文化振兴的首要任务。这意味着需要通过多种途径，如宣传教育、文化活动等，提高农民的思想道德素质，引导人们树立正确的世界观、人生观和价值观。同时，弘扬社会主义核心价值观，倡导诚信、友善、敬业等社会风尚，营造积极向上的社会氛围，为乡村振兴战略的实施提供强大的精神动力。推进公共文化建设也是文化振兴不可或缺的一环。需加强农村公共文化设施建设，如图书馆、文化中心、文化广场等，为农民提供更多的文化活动场所。同时，组织各类文化活动，如文艺演出、体育比赛、读书会等，丰富农民的文化生活，提高农民的文化素养。这些举措可以让农民在享受文化生活的同时，感受到乡村文化的魅力和价值。保护和传承传统文化更是文化振兴的重中之重。乡村优秀传统文化是中华民族文化的重要组成部分，其蕴含丰富的历史内涵和人文精神。我们要不断深入挖掘和保护传统文化资源，通过创新文化表达方式，如现代艺术与传统技艺的结合、数字化展示等，使乡村优秀传统文化焕发新的生机和活力。同时，培养乡土文化人才，传承和发展乡村文化技艺，为乡村振兴战略的实施注入更多的文化内涵和活力。文化振兴是乡村振兴实施的灵魂与支撑。需要通过加强思想道德建设、推进公共文化建设、保护和传承传统文化等举措，全面提升乡村文化的软实力，为乡村振兴战略的实施提供强大的精神支撑和文化保障。

3. 人才振兴

人才振兴作为乡村振兴战略实施的关键一环，是驱动乡村经济社会发展的核心动力。人才振兴旨在通过加强人才培养与引进，构建一支热爱农业、精通技术、善于经营、勇于创新的高素质乡村人才队伍，为乡村振兴战略的实施注入源源不断的活力。加强人才培养是人才振兴的基石。为此，我们要不断深入实施新型职业农民培育工程，聚焦培养新型农业经营主体带头人、农业职业经理人以及骨干农民等关键群体。通过系统培训、实践锻炼、政策扶持等多种方式，提升人才的专业技能、管理能力和市场意识，使人才成为乡村振兴战略实施的中坚力量。吸引人才返乡是人才振兴的重要途径。我们要不断鼓励和支持在外成功人士，特别是那些具有丰富经验和资源的创业者，通过资源返乡、影响力返乡、技术返乡、智力返乡等多种方式，将先进的理念、技术、资金等带回乡村，参与乡村振兴战略实施的伟大事业。返乡人才的加入，不仅能为乡村带来新的发展机遇，还能激发乡村社会的创新活力，推动乡村经济社会的全面发展。完善的人才机制是人才振兴的保障。需要建立健全人才的引进、培养、使用和激励机制，为乡村人才提供良好的发展环境和政策支持。一方面，通过优化人才引进政策，吸引更多优秀人才投身乡村建设；另一方面，加强人才使用和激励机制的建设，确保乡村人才能够人尽其才、才尽其用，实现个人价值与乡村振兴的双赢。此外，注重营造良好的人才发展氛围。通过举办各类人才交流活动、搭建人才服务平台等措施，加强乡村人才之间的沟通与协作，形成人才聚集效应，为乡村振兴提供强大的人才支撑和智力支持。人才振兴是全面有效实施乡村振兴战略的活力引擎。只有不断加强人才的培养与引进，完善人才机制，营造良好的人才发展环境，才能推动乡村经济社会的持续健康发展。

4. 生态振兴

生态振兴作为乡村振兴的重要组成部分，旨在通过坚持绿色发展理念，加强农村环境问题的综合治理，推动农村人居环境整治，打造一个生态宜居、和谐美丽的乡村。加强生态保护是生态振兴的首要任务。坚决保护农村的自然环境，确保空气、土壤、河流等免受污染。这意味着要严格控制工业污染向农村转移，防止在耕地等关键生态区域违规建设工业建筑，确保土地资源得到合理利用和有效节约。同时，加强农村生态保护和修复工作，恢复和提升农村生态系统的自我修复能力，为乡村的长远发展提供坚实的生态保障。推动绿色发展是生态振兴的核心要义。转变农业发展方式，摒弃高投入、高消耗、高排放的粗放型发展模式，转向绿色生态农产品的生产。通过推广有机农业、生态农业等新型农业发展模式，减少化肥、农药等化学物质的使用，提高农产品的品质和安全性，实现农业生产的节本增效和可持续发展。改善人居环境是生态振兴的重要目标。要完善农村生活设施，实施农村改水改厕工程，提高农民居住环境的舒适度和幸福感。通过实施农村人居环境整治行动，清理农村垃圾、污水等污染源，整治农村乱搭乱建、乱堆乱放等现象，营造整洁、有序、美丽的乡村环境。同时，加强农村绿化美化工作，提升乡村景观品质，让农民在享受美好生活的同时，也能感受到乡村的独特魅力和生态价值。此外，还需加强生态教育和宣传，提高农民的环保意识和生态文明素养。通过举办生态知识讲座、开展环保志愿活动等方式，引导农民树立正确的生态观念，积极参与到生态保护和建设中来，共同守护绿色家园。生态振兴是乡村振兴战略发展的绿色底色。只有坚持绿色发展理念，在加强生态保护、推动绿色发展、改善人居环境等多方面努力，才能打造出生态宜居、和谐美丽的乡村，为乡村振兴注入强大的绿色动力。

5. 组织振兴

组织振兴在乡村振兴战略的实施中也扮演着至关重要的角色，是确保乡村振兴各项措施得以有效实施的组织保障。通过加强基层党组织建设，提高农民的组织化程度，可以进一步提高乡村社会的凝聚力和活力，为乡村振兴奠定坚实的基础。加强基层党组织建设是组织振兴的首要任务。需要着力提高党员干部的素质和能力，确保党员干部具备带领农民走向富裕的过硬本领。通过定期培训和学习，提升党员干部的政治觉悟、业务能力和领导水平，使党员干部能够更好地发挥党组织的战斗堡垒作用。同时，还需加强基层党组织的组织力和凝聚力，确保党的方针政策能够在乡村得到全面贯彻和落实。发展农民专业合作社是组织振兴的重要举措。通过农民专业合作社，可以将农民组织起来，使他们形成合力，共同应对市场挑战，提高农产品的附加值和市场竞争力。这不仅可以促进乡村经济的发展，还可以推动农业技术的普及和应用，提升农业生产效率和产品质量。同时，农民专业合作社还可以为农民提供更多的就业机会和收入来源，帮助人民实现增收致富。完善乡村治理体系是组织振兴的重要保障。需要加强对乡村社会的管理，建立健全乡村治理机制，确保乡村社会的稳定和谐。加强法治建设，提高农民的法治意识和法律素养，可以有效地维护乡村社会的公平正义和秩序稳定。同时，还需推动乡村民主政治建设，保障农民的民主权利，增强农民的政治参与感和归属感。这不仅可以提升乡村社会的凝聚力和活力，还可以为乡村振兴战略的实施提供坚实的政治保障。此外，还需注重发挥社会力量的作用，鼓励和支持各类社会组织、企业等参与到乡村振兴中来。通过搭建合作平台、提供政策支持等措施，引导社会力量与乡村形成良性互动，共同推动乡村振兴事业的发展。组织振兴是乡村振兴的坚固基石。只有在加强基层党组织建设、发展农民专业合作社、完善乡村治理体系等多方面努力，才能为乡村振兴提供有力的组织保障，推动乡村经济社会的持续健康发展。

综上所述，乡村振兴战略的实施是复杂且系统的工程，涉及农村经济、社会、文化、生态和组织等多个层面，需要多主体、多方面协同推进，齐头并进，如此方能确保乡村振兴战略的实施取得全面而显著的成效①。产业振兴为乡村振兴提供了坚实的经济基础，推动农业现代化，促进农村产业升级，提高农民的收入水平。文化振兴则让乡村焕发新的精神风貌，通过传承和创新，让乡村文化成为乡村振兴的独特魅力。人才振兴为乡村振兴注入了新鲜血液，通过培养和引进各类人才，为乡村发展提供源源不断的智力支持。生态振兴保障乡村的可持续发展，让乡村成为人与自然和谐共生的美好家园。组织振兴确保乡村振兴的有序进行，通过加强基层党组织建设和乡村治理，为乡村振兴提供坚强的组织保障，只有五个维度共同发力，形成协同效应，乡村振兴才能取得实质性的进展。

（四）具体战略

乡村振兴战略作为党的十九大做出的重大决策部署，决胜全面建成小康

---

① 李红波. 数字乡村赋能乡村振兴的发展路径研究 [J]. 现代农机，2024(06)：20-22.

社会、全面建设社会主义现代化国家的重大历史任务，是新时代"三农"工作的总抓手。乡村振兴战略作为我国经济社会发展方式的重大变革，一方面，强调不断健全城乡融合发展的体制机制和政策体系，真正推动我国的社会经济结构实现二元城乡的一元转化；另一方面，旨在通过调整城市化发展战略，实现以往注重大城市的发展向当下促进大中小城市体系建设的转变。

20世纪50年代以来，我国大力推动农业发展，并以此积累资本，持续推进工业化，城乡结合的二元经济社会结构就此形成。这样的经济社会结构虽使我国的工业化与经济建设取得了短期发展，但城乡居民收入差距扩大、城乡社会发展不均衡等问题不断暴露，反而极大地制约了我国经济社会的整体发展。因此，20世纪90年代以来，中央政府通过采取多予、少取、放活、以工补农、以工促农、以城促乡等一系列政策方法，大力纠偏城乡二元结构，希望以此改变我国重工轻农、重城市轻农村的社会经济发展现状，采取城乡统筹发展、城乡一体化发展等战略从根本上解决问题。然实践表明，城乡居民收入差距、城乡公共服务建设等方面的问题并未得到有效解决。

在社会经济体制改革方面，提出通过深化农村土地制度改革和废除户籍制度，实现土地及劳动力等的自由流转，以期进一步发挥要素竞争的作用，让城乡资源配置更均衡，促进二者的融合发展。在农村地区投资力度方面，提出建立并完善农村投资长效发展机制，在仍旧保有并充分发挥中央与地方政府的经济投入与政策扶持主体地位的同时，加大农村地区经济发展、农民需求、经济结构、人口布局等的长期投入规划，促进农村经济社会全面建设。在分类推进方面，以教育、医疗、养老、低保等基本公共服务均等化为前提，大力推进道路、饮水、通信、垃圾和污水处理等基础设施的建设与完善，尤其是人口相对密集的村镇，对这些方面的推进建设更应予以重视，以提升基础设施利用效率，并鼓励乡镇通过创新合作方式，自主引入资本加强本乡镇基础设施建设。在农村道路建设方面，全力以赴解决农村地区道路过窄、道路过少、道路质量过低等问题，加大农村道路的建设投入与养护投入，实现"四好农村路"的全面建设。在改善农村居住环境方面，以垃圾与污水处理为重点问题，完善垃圾终端处理设施，提高有害垃圾处理水平，有效解决农村污水直接通过路面沟渠排入田地、河流加重土壤、水资源等污染的问题。在农村义务教育发展方面,高度重视发展农村义务教育,推动建立以城带乡、整体推进、城乡一体、均衡发展的义务教育发展机制,充分解决农村地区办学条件差、教师收入低、教学质量不高、城乡和地区之间教育差距大等问题。在农村医疗卫生体系建设方面,调整村委会及社区干部任期年限,实施县、乡两级人大代表和村委会成员"三合一"选举,统一登记选民、统一选举,便于有关机关、组织集中人、财、物,统一领导、统筹安排、统一组织发动。鼓励基层党组织领导实施村民自治,将村规民约的作用进一步发挥出来,积极带动流动人口参与社会建设。只有兼顾方方面面,才能够全面实现农村经济社会的繁荣与发展,建设"产业兴旺、生态宜居、乡风文明、治理有效、生活富裕"的新时代中国特色新农村,真正实现乡村振兴战略。

(五)科学技术与乡村振兴的关系

科学技术与乡村振兴密切相关,是推动乡村全面、协调、可持续发展的核心动力。科学技术为乡村振兴战略的有效实施提供了强有力的支持,能够充分助力乡村实现农业现代化、农村产业升级、基础设施完善、生态环境治理等①。

其一,科学技术推动农业现代化发展。农业现代化是乡村振兴的基础,而科学技术是实现农业现代化的关键驱动力。传统农业生产效率低、抗风险能力弱、资源利用率不高等问题凸显,而现代科学技术的普及与应用,为问题的解决提供了新的思路与方向。农业机械化、自动化等减少了劳动力投入,节约了成本,提高了农业生产效率。基于传感器、物联网等的智慧农业,推动了农业的精准发展,帮助农民实时获取土壤、水分等数据,有效防治病虫害,在减少资源浪费的同时,提高作物产量与质量。基因编辑、微生物等生物技术的农业应用,极大地优化了乡村种植和养殖过程。抗病、高产、耐旱的作物新品种不断被培育出来,土壤质量改良,肥力增加,也为作物生长提

---

① 王金伟,李洪鑫,彭晖. 乡村振兴视域下数字科学技术赋能文旅融合的逻辑与路径 [J]. 旅游学刊,2024,39(11):11-13.

供了更好的条件。科学的畜牧养殖育种和精准饲养，使其产能明显更高。此外，科学技术创新还推动了农业废弃物资源化利用技术的发展，例如，秸秆转化为生物燃料和有机肥料，实现农业的绿色可持续发展。信息技术在农村的普及逐渐缩小了城乡数字鸿沟，实现了农业管理效率的提升，让农业产品能够通过大数据平台进行生产、流通、消费等信息的整合，帮助农民掌握市场动态，合理规划种植结构，避免供需失衡。科学技术在农业生产、管理等多层面的应用，是推动农业现代化、实现乡村振兴的强大引擎。

其二，科学技术促进农村产业升级。科学技术赋能是推动农村产业升级和结构调整的核心手段。传统农业向现代农业转型、农村产业多样化和高附加值发展成为促进乡村振兴战略实施的重要举措。科学技术使农产品加工能力和市场竞争力大幅提升。现代化食品加工技术使农产品实现了从初级向高附加值的转变，农民收入来源更广。冷链物流技术可以实现农产品长途运输并保鲜，更多高品质农产品的销售市场更加广阔。科学技术助力乡村旅游和文化产业的兴起，虚拟现实（AR）/增强现实（AR）等技术的使用帮助乡村自然景观和文化资源实现了数字化再现，给游客带来了身临其境的沉浸式体验。例如，智能导航、无人机拍摄等助力乡村旅游路线规划和景点展示，数字平台为游客预订民宿、购买农产品等提供了便利。农村电子商务的蓬勃发展就是科学技术促进产业升级的典型体现。"互联网+"让农产品流通渠道趋于多元，电子商务平台、直播带货等为农村经济带来新的增长点。此外，科学技术还支持农村产业链的数字化升级，例如，通过智能设备监控农业生产过程，为消费者提供产品溯源信息，增强消费者的信任感。因此，科学技术为农村产业发展注入了创新活力，推动了农村产业结构的优化升级。

其三，科学技术提升农村基础设施和公共服务水平。科学技术的应用显著提高了农村基础设施的建设水平，提高了公共服务的供给能力，使乡村振兴发展更具保障。交通技术的应用优化了农村道路规划和建设，让乡村地区的交通运输效率更高。清洁能源技术的应用为农村地区提供更多能源问题解决方案，降低能源成本的同时减轻了环境负担。光纤网络、5G 通信基站等的建设，让农村居民随时享受便捷的网络服务，也为农村经济和社会发展带来了更多机遇。基于远程医疗技术，农村居民通过网络就可以与城市专家进行交流，获得诊断和治疗建议。"互联网+教育"推广的在线课堂等让更多优质教育资源走向偏远地区，促进了教育公平。智慧村庄相关体系的不断建设与完善，为农村实现村庄水电、垃圾处理等的有效管理提供了便利。因此，科学技术不仅改善了农村的基础设施条件，也为提高公共服务质量提供了新的路径。

其四，科学技术创新促进乡村经济多样化。乡村经济多样化是乡村振兴的重要目标，而科学技术创新为实现这一目标提供了多元化的解决方案。科学技术推动农业内部多样化。比如，智能温室和水培技术促进反季节蔬菜、水果等农村高效农业项目的发展。科学技术助力非农产业的发展，让更多农村青年投身于电子商务、直播和文化创意等新兴领域谋求发展，收入来源趋于多样化。通过短视频平台展示农村生活和文化，吸引城市人群关注和消费。科学技术创新催生新型乡村经济模式。平台经济的引入使农村资源利用效率提高。农机共享、土地托管等模式降低了农民生产成本。科学技术创新为农村金融提供更多支持。大数据技术能够精准评估农村小微企业等的信用水平，贷款审批效率大幅提升，使农业发展融资难问题得到有效解决。可见，科学技术创新使乡村经济实现了多样化发展。

其五，科学技术促进乡村社会治理现代化。在乡村社会治理中，科学技术的引入提升了治理效率和治理能力的现代化水平。大数据技术为乡村社会治理提供了科学依据。广泛、全面且完整地对农村地区的人口、经济和环境等数据进行收集和分析，便于政府精准制定乡村发展政策。智能化管理平台使村级事务管理效率更高。乡村综合服务平台能够为村民提供户籍整合、社会保障等"一站式"服务。电子政务系统的普及使村民能够随时随地在线办理事务。科学技术创新使乡村基层党建走向信息化。党建云平台等方便党员及时学习党的政策和方针，增强党员的凝聚力。科学技术为乡村社会安全管理提供技术支持。智能监控等能有效解决乡村地区的治安管理问题，通过预警系统，可以提前发现突发事件，及时做出应对。因此，科学技术在优化乡村治理方面也发挥了重要作用。

其六，科学技术推动乡村文化传承发展。科学技术的应用创新了乡村文化保护、传承和发展的路径。三维扫描等数字技术对传统建筑、手工艺品等文化遗产的资料收集及电子存档等，提高了乡村文化的历史价值与文化生命力，促进了其保护和传播。农村居民基于短视频平台等对乡村生活方式和民俗活动的记录与展示，扩大了乡村文化的传播范围，吸引了更多人参与文化传承与保护。将传统手工艺与现代设计元素相结合，助力乡村文化产业创新，让很多文创品牌及作品进入更广阔的市场。科学技术促进城乡文化互动与融合，让城乡居民能够通过在线平台相互学习与体验文化内涵，增进城乡居民间的理解与合作。因此，科学技术为实现文化振兴奠定了基础。

其七，科学技术助力改善乡村生态环境。科学技术为农村生态环境治理提供了先进手段。现代污水处理技术、垃圾资源化利用技术等在净化农村生活废水和农业废水、将农村垃圾转化为可用能源等方面发挥了重要作用。植被恢复技术和土壤修复技术等生态修复技术，为乡村生态环境的可持续发展提供了支持，可以有效修复因过度开垦或污染而受损的生态系统。太阳能、风能等发电技术为农村地区提供了绿色能源解决方案，满足了农村的能源需求，降低了对传统能源的依赖程度。因此，科学技术在改善乡村生态环境、推动绿色发展方面具有不可替代的作用。

第二节　理论基础

一、善治理论

善治理论作为现代社会治理理论的重要内容之一，强调采取多方参与、合作治理、制度完善等有效措施，构建兼具公平性、高效性、透明性等的符合现代社会发展实际的治理体系，在国家、地方等的管理领域应用广泛[①]。"善治"一词最早起源于英文"Good Governance"，指的是民间、政府组织、公关部门及私人之间的一种管理及伙伴关系，旨在促进社会公共利益最大化，以合法性、透明性、责任性、回应性、参与性及有效性为衡量善治的标准，

---

① 赵丹. 善治理论下山西省 P 县乡村特色产业发展的路径研究［D］. 太原：山西大学，2023.

是极度追求高效、透明及负责能力的公共治理模式。

善治是治理的最佳状态。Barzelay（1992）认为，善治是公民价值的体现，更多地体现了对公民集体价值等相关问题做出更深入的调查、更准确的讨论、更有效的商榷，暗示了社会自治的能力与要求。可以说，善治代表了一种政治国家与公民社会之间的新颖关系，是两者的最佳状态。善治是公共利益最大化的社会管理过程，代表了一种以民众为中心的治理①。现代社会存在许多政府无法干预的领域，小到公司、社区等民间组织，大到国际组织，善治理论在不断地应用中发展完善。

善治的实质就是一个还政于民的过程，也是公共利益最大化的社会管理过程。善治的本质特征就是政府与公民对公共生活的合作管理②。一位法国银行家认为，善治的构成有四要素："公民安全得到保障，法律得到尊重，特别是这一切都须通过司法独立，亦即法治来实现；公共机构正确而公正地管理公共开支，亦即进行有效的行政管理；政府领导人对其行为向人民负责，亦即实行职责和责任制；信息灵通，便于全体公民了解情况，亦即具有政治透明性。"根据各界学者对善治的总结，善治的基本要素包括以下六个方面。

（一）合法性

合法性指的是社会秩序和权威被自觉认可和服从的性质和状态。只有那些被一定范围内的人们所体认的权威和秩序，才具有政治学中所说的合法性。合法性越强，善治的程度越高，而取得和增强合法性的主要途径是尽可能提高公民的共识和政治认同感。善治要求有关管理机构和管理者最大限度地协调公民之间以及公民与政府之间的各种利益矛盾，以便使公共管理活动取得公民最大限度的同意和认可。

---

① 王璐．"善治"理论下以网红流量助力乡村振兴策略探讨［D］．北京：北京外国语大学，2022.

② 刘俊娜．善治理论视角下农村人居环境"T-P-S"治理机制研究——以J县D村为例［D］．上海：上海师范大学，2021.

（二）透明性

透明性指的是政治信息的公开性。透明性要求立法活动、政策制定、法律条款、政策实行、行政预算、公共开支等政治信息能够及时通过各种传媒为公民所知，以便公民能够有效地参与公共决策过程，并且对公共管理过程实施有效的监督。透明程度愈高，善治的程度就愈高。

（三）责任性

责任性指的是人们应当对自己的行为负责。责任性意味着管理人员及管理机构由于其承担的职务而必须履行一定的职能和义务。公众尤其是公职人员和管理机构的责任性越大，表明善治的程度越高。在这方面，善治要求运用法律和道义的双重手段，增强个人及机构的责任性。

（四）法治性

法律是公共政治管理的最高准则，任何官员和公民都必须依法行事，在法律面前人人平等。法治的基本目标是规范公民的行为，管理社会事务，维持正常的社会生活秩序。法治的最终目标则是保障公民的自由、平等和基本的政治权利。法治是善治的基本要求，没有健全的法制，就没有建立在法制基础之上的社会秩序，也就不会有善治。

（五）有效性

有效性主要是指管理的效率。有效性的意义在于管理机构设置合理、管理程序科学，管理活动灵活以及最大限度地降低管理成本。管理的有效性越高，善治的程度也就越高。

（六）回应性

回应性即公共管理人员和管理机构必须对公民的要求做出及时且负责的回应，不得无故拖延或没有下文。在必要时还应当定期地、主动地向公民征询意见、解释政策和回答公民的质疑。回应性越强，善治的程度越高。

善治的内涵价值如下。①在善治的主体上，突破了政府对社会公共事务单维度的垄断管理模式，主张建立政府、市场和社会的三维框架内的多中心管理模式，由政府管制走向多元合作共治以构成复杂的行为体网络结构。②在善治的基础上，超越国家权力中心论，市场力量和公民社会力量的日益壮大，使政府不再是全能主义下的"万能政府"。政府虽然发挥着作为最重要行为体的作用，但再无法垄断一切社会事务。与此同时，市场和公民社会将发挥越来越重要的作用，承担更多的社会职能和社会责任。③在善治的手段上，政府不再是垄断性的统治权威，不能仅依靠管制等传统行政手段来履行职能，而是既要以综合运用经济、法律手段为主，行政手段为辅的调控手段，又要与其他行为体进行持续有效的合作。④在善治的基本要素上，要求政府进行改革，使政府具有合法性、透明性、责任性、有效性等特征。这些特征越明显，政府越符合善治的标准。⑤在善治的目的上，各行为体应该在共赢的基础上展开持续不断的有效合作，建立良好的合作关系，在满足各自合法利益的同时，实现社会发展和公共利益的最大化。

在研究中引入善治理论，是因为该理论有助于提升乡村治理能力和公共服务水平。比如，基于完善村民政治制度，可以让村民有更多平等的机会参与乡村事务决策。而推动乡村合作社、公益组织等社会力量参与乡村治理，为乡村发展注入了多样化的资源和服务。总之，善治理论强调多方参与，重视采取公平高效的治理方法促进社会建设和发展。

二、可持续发展理论

可持续发展的概念最早是在 1972 年的斯德哥尔摩联合国人类环境研讨会上正式提出的；1980 年，IUCN 发表的《世界自然资源保护策略》中较为系统地解释了可持续发展理论；到 1987 年，布特兰的《我们共同的未来》报告中第一次给出了可持续发展理论的内涵并对其进行定义：在满足当代人生存需求的基础上，也不能损害后代人的发展需求的一种发展方式。

可持续发展理论是当前社会发展的重要指导思想，在应对全球化进程中的资源、环境等问题方面发挥框架性理论作用。资源过度消耗、环境危机频发及社会发展不平衡等为可持续发展理论的提出奠定了基础。可持续发展要求当下的人类在追求经济社会发展的过程中，满足当代人需求的同时，不损害后代人的发展需求，致力于实现经济增长、社会公平和环境保护之间的动态平衡。因此，就其内涵而言，一是要求合理利用和长远规划现有资源，杜绝为了短期利益牺牲生态；二是要求保护自然生态环境系统的承载能力，杜绝资源的过度开发与环境的持续恶化；三是重视与推进教育、医疗等方面的公平，缩小发展差距。可持续发展以统筹兼顾、代际公平、公众参与及科学技术创新为基本原则。

可持续发展的内涵包括经济、社会、资源环境、技术创新等各个层面，需要各个层面相互协调、共同发展。可持续发展理论的基本内容包括以下几个方面。

第一，基于经济层面的可持续发展。经济可持续发展是可持续发展的核心内容。Edward B. Barbier（1990）认为，可持续发展是指在不断提高经济效益的同时，能够保证自然资源的合理利用以及自然环境的保护；也有学者认为，可持续发展是指"既能保证今天经济的持续发展，又不能消费未来的资源环境"。可持续发展与传统粗放式发展存在一定差异，强调发展是以不破坏生态环境为前提。

第二，基于社会层面的可持续发展。社会可持续发展是可持续发展的最终目标。可持续发展是指"在不断提高人们的生活质量的同时，不能挑战自然环境的承受力"，强调可持续发展的目标是实现人类社会的协调发展，提高生活品质，创造美好生活。只有保持发展与自然环境承载力之间实现平衡，才能促进社会不断向前发展。

第三，基于资源环境层面的可持续发展。资源环境可持续发展是可持续发展的基础和前提。可持续发展是"在维护现有自然资源、不超过环境承载能力的基础上，不断增强大自然为人民服务的能力和自我创造能力"，在资源领域强调一定要处理好资源开发强度和资源存量之间的平衡关系；在环境领域强调经济效益的不断提高不能以增加环境成本为代价。有学者认为，资源环境可持续发展就是保证生态环境的保护以及自然资源的可循环利用，最终使经济、社会、自然环境共同实现可持续发展。

第四，基于技术创新层面的可持续发展。技术创新可持续发展是可持续发展的手段。技术创新可持续发展是指"通过技术工艺和技术方法的不断改进，在增加经济效益的同时，可以实现环境和资源的可持续"。在技术层面，可持续发展是指通过技术体系的创新，不仅要提高生产效率，还需减少污染物排放对资源的消耗和环境的破坏。

综上所述，四个层面的可持续发展涵盖了可持续发展的全部内涵。每个层面的可持续发展都是可持续发展整体系统中的一个子系统，要想推进可持续发展不仅要对每一个子系统的内涵和发展状况有深入认识，还要认识到各个子系统与可持续发展整个系统之间的关联，更重要的是要处理好各个子系统之间的协同关系。

将可持续发展理论与科学技术赋能乡村振兴发展相结合，旨在运用科学技术推动农业精准发展，促进农村绿色经济与循环经济发展，进行农村生态环境的智能检测，做好清洁能源技术的推广应用，建设数字化智慧化乡村，保护乡村文化与传统的传承，以期推动我国经济、社会和生态的整体和谐发展，助力实现乡村全面振兴和中国式现代化。

三、技术创新理论

技术创新理论的概念最早由熊彼特在《经济发展理论》一书中系统提出，创新作为新的生产函数被建立。简言之，所谓创新就是全新的生产要素和生产条件的结合方式。技术创新由此被引入生产体系的论断中，《经济发展理论》中的技术创新可以分为五个方面：新产品是消费群体并不熟悉的；产业部门所采用的生产方法是尚不熟识的；开拓尚未被开拓过的市场；新产品生产原材料的获取应探寻新的供应来源；创造能够打破垄断的新组织形式。因此，技术创新的概念并不能简单地理解为是对某项技术、某种工艺或某类产品的发明、创造或创新，而应该将其解读为一种不停歇的运转机制，只有将其不断引入生产实际，予以发现、发明，才能使原有的生产体系发生变化乃至震荡，此乃创新的真正实质。熊彼特提出的技术创新理论，经过漫长的发展历史，如今已经趋于完善。而时至今日，科学技术的重要性显而易见，技术创新思想也得到了世界范围内的专家学者及企业、政府等的认同与重视。诺贝尔经济学奖获得者索洛等人针对熊彼特的理论进行了进一步的阐述和分析，并不断深入发展。20 世纪 80 年代，英国经济学家弗里曼提出"国家创新系统"这一理论，使得技术创新理论真正建立，并逐步丰富和完善了该体系。在笔者看来，技术创新理论可以简单理解为一种能够系统研究技术进步和科学创新的理论体系，旨在揭示技术创新的规律及其对经济增长、社会发展等的影响。毋庸置疑，技术创新不断推动科学技术成果转化，而成果应用又引导科学技术走向更多探索领域，未来的乡村经济社会发展，也必定会朝着更高端的数字农业与智慧农业、绿色能源、智慧乡村、农业全产业链、乡村生态保护、创新型农业科学技术研发、乡村社会创新与共享经济等方向发展，基于科学技术赋能的乡村势必更追求经济强、生态美、文化兴的现代化示范化发展，进而充分发挥乡村振兴战略的导向作用，实现国家经济社会整体的可持续发展。因此，笔者认为，要研究乡村振兴发展，就需要分析乡村地区的科学技术应用现状及结果转化情况，借此促进农业科学技术创新，故而研究离不开技术创新理论的大力支撑。

第三章　科学技术赋能乡村振兴的历程与成就

　　乡村振兴战略是中国特色社会主义建设的重要内容，其目标是促进乡村经济、社会、文化和生态的全面发展，而科学技术创新是其核心驱动力①。科学技术的飞速发展，特别是在农业、农村和农民生活方面的推广，不但给传统乡村带来了空前的革新，而且为乡村振兴注入了新的生命力。近几年，科学技术对乡村振兴的重要性逐渐展现出无可替代性，无论是基础设施建设和农业生产模式创新，还是农村社会治理与文化发展及科学技术的进一步渗透，都使乡村的综合发展能力得到了极大的提高。

　　这一进程大致可以分为三个阶段：1984—2012 年，科学技术对乡村振兴的支持，是对乡村振兴的前期培育；2012—2018 年，我国对科学技术赋能农村的政策和应用进行了深入研究，已经步入发展的初级阶段；2018 年至今，随着科学技术创新的快速推进，乡村振兴进入了一个新的发展时期，科学技术已经成为促进农业现代化的主要内在驱动力，同时也对建设智慧乡村、提高乡村治理效率起到了很大的作用。科学技术在这一进程中的实际效果日益凸显。新的农业经营模式、"互联网＋"的农业和电子商务平台的出现为农村经济的发展带来了巨大的变革。智慧农业、绿色科学技术的运用，极大地提高了农业的生产效率。同时，农村基层创新的治理方式和智慧化的社会服务，也是农村可持续发展的重要保障。科学技术的发展在促进农村经济转变的同

---

　　① 张金鑫，岳天定，周斐. 科学技术金融赋能乡村振兴刍议［J］. 农业发展与金融，2024(10)：69-71.

时，也使农村的文化、教育、医疗等社会事业逐步走向现代化，使农民的生活品质和幸福感得到了极大的提高。

本章主要对科学技术提升乡村振兴的发展过程和取得的成绩进行深入的剖析，并对科学技术在各个发展时期所发挥的重要作用进行了梳理，以了解其对农业生产、农村发展和农民生活产生的深刻影响。本研究的成果将为我国乡村振兴战略的实施提供科学的理论基础和实践指导。

第一节　科学技术赋能乡村振兴的历程

一、基础培育阶段（1984—2011年）

（一）政策引导和初步规划

1984年，计算机应用被列入农业基本建设的范围，农业信息化的种子开始萌芽。1985年，农牧渔业信息系统方案意见提出，农牧渔业部电子计算机应用规划颁布；1986年，原农牧渔业部制定并颁布了我国最早的农业信息化政策文件——《农牧渔业信息管理系统设计》和《农牧渔业部电子计算机应用规则》。1987年，原农牧渔业部成立信息中心，为相关部门农业决策提供信息收集和统计分析服务。1992年，原农业部制定《农村经济信息体系建设方案》，成立信息工作领导小组，专门负责农村信息体系的建设工作。1994年，国家实施"金农"工程，旨在建立农业综合管理及服务信息系统，完善国家级农业基本数据库。1995年，原农业部开通了全国大中城市农产品批发市场价格信息日报行情网，推动实现批发市场与农业部信息中心联网。1996年，原农业部召开首次全国农村经济信息工作会议，讨论制定《"九五"时期农村经济信息体系建设规划》和"'金农'工程(草案)"，开通了中国农业信息网，大部分省级农业部门开始着手建立能够连接县级信息采集点的计算机化的信息处理和通信网络。1997年，中国农业科学技术信息网络中心建成，这是"金农"工程的骨干工程，旨在提供农业科学技术重要新闻、实用技术、科研成果、标准规范等信息服务。与此同时，农业内部各行业（如科研、乡镇企业、动植物检疫）信息系统开始建设，东部较为发达地区的一些乡村，不同程度地开展了农业信息服务。1998 年，国家广电总局和国家计划委员会启动广播电视"村村通"工程，以解决边远农村地区听广播、看电视困难问题。1999 年，科学技术部发布《关于农业信息化科学技术工作的若干意见》和《国家 863 计划智能化农业信息技术应用示范工程实施办法》，提出建立一批农业信息化示范区，并发挥辐射和样板作用。2000 年，原农业部主持制定了《农业信息化"十五"发展规划》。2001 年，科学技术部在广泛征求各界意见的基础上，制定了《"十五"星火计划发展纲要》，原农业部开通了"一站通"农村供求信息全国联播系统，启动了"农村市场信息服务行动计划"，以促进农村科学技术创新体系的形成，构建起农村市场信息、科学技术信息、服务信息网络，使农村信息服务滞后的状况得到根本性改变。继广播电视"村村通"工程之后，2003 年 7 月，原信产部开始着手部署实施农村电话"村村通"工程，指定六家基础电信企业以"分片包干"的方式，承担在未通话行政村实施电信普遍服务的任务，在农村地区大力发展通信业务，推动农村通信普遍服务。2005 年，中央一号文件首次提出要"加强农业信息化建设"，改善农业发展环境，提高农业综合生产能力，标志着信息化在农业农村领域的应用上升至顶层设计的高度；同年 4 月，原农业部在全国选择了 6 个地级、50 个县级农业部门试点市县启动了"三电合一"，打造"12316 三农信息服务平台"，开展农业信息服务试点工作。2006 年，中央一号文件再次强调"要积极推进农业信息化建设"，强调充分利用和整合涉农信息资源，夯实社会主义新农村建设的经济基础；原农业部下发《"十一五"时期全国农业信息体系建设规划》，全面实施"金农"工程、加快推进"三电合一"信息服务工程、启动"信息化村示范工程"建设等；中共中央办公厅、国务院办公厅印发《2006—2020 年国家信息化发展战略》提出要"推进面向三农的信息服务"，提高农村网络普及率，建设城乡统筹的信息服务体系。2007 年，中央一号文件再次强调要"加快农业信息化建设"，并提出要"启动农村信息化示范工程"，强调信息化在现代农业中的应用。同年，《全国农业和农村信息化建设总体框架(2007—2015)》出台，农业农村信息化建设的发展思路、重点任务和政策措施进一步明确。据《中国农村信息化发展报告(2008)》，到2007年，全国99.5%的行政村通电话，92%的乡镇开通了宽带；各地服务"三农"的信息平台达到2400多个，为各地农村提供7万多种服务，各类涉农互联网站超过6000个。农业信息化呈现出多点开花、快速推进的局面，为正在酝酿的新变革做好了铺垫。2008年，中央提出"农村信息化示范"工程建设。2011年，原农业部发布《全国农业农村信息化发展"十二五"规划》，这是第一个全国农业农村信息化发展五年规划，为加快中国农业农村信息化步伐发挥了重要的引领作用。总的来看，这一时期是农业农村数字化建设的基础孕育阶段，农村信息化建设的指挥机构、信息技术部门以及综合管理单位等覆盖中央和地方的组织机构相继成立，这为农业农村信息化、数字化系统的建设搭建了组织平台，同时建立了中国农业信息网和农业科学技术信息网络中心，提出了农村信息化体系建设总体规划。在这些有利环节的推动下，农村信息化基础设施水平明显提升，村村通电话(广播电视)、乡乡能上网的目标已基本实现。据统计，截至2010年底，农村网民规模达到1.25亿，占整体网民的27.3%。同时，信息技术在农业生产流通、农村政务管理等方面也得到了初步的应用和推广。

(二) 农业科学技术的初步推广

1. 农业机械化的应用与普及状况

1984—2012年，农业机械化在全国范围内由零星推广到普遍推广，已成为促进农业现代化、乡村振兴的一支重要力量。这一时期，在国家政策的推动下，农机逐步由高效农业大生产基地向广大农民推广，因此极大地提高了农业生产力。

20世纪90年代，我国的农业机械化还处在初级阶段，农业机械化的发展还不够成熟。而我国大部分农业生产仍然依靠人工的传统耕作方式，有着劳动强度大、生产率低的特点。为提高农业生产率，国家制定了一系列农机购置与使用政策。尤其是在我国东北和华北等重要的粮食主产区，均开展了农机推广试点，重点是规模化种植、收获等环节的农机推广。农机的引进，有效地减少了人力，提高了生产率，为实现农业的现代化奠定了坚实的基础。在这个时期，拖拉机、联合收割机是农机中的关键装备。拖拉机能极大地提高工作效率，缩短人力耕种时间。而联合收割机可以在较短的时间内进行大范围的收获作业，有效解决了传统机械作业中人力资源不足、效率低下的问题。这些基本农机装备的普及，为实现农业机械化铺平了道路。

20世纪90年代以来，伴随着国家经济体制改革的不断深化，农业机械化逐渐由试验走向广泛的应用。国家采取了一系列政策措施（如财政补贴、贷款补贴等），鼓励农民、农民合作社、家庭农场等购置农机。在此期间，农机在大多数农业生产过程中得到了普遍的运用，包括整地、播种、施肥、灌溉和收获等。特别是在产粮大区，农业机械化的推广速度会明显加快。而拖拉机、联合收割机和播种机作为主要的农业机械，使农村劳动力逐渐摆脱繁重的体力劳动。与此同时，农业生产方式也得到了根本性的改变。在这个时期，农机的推广使个体农民的生产力得到了显著的提升，同时也为规模化的农业生产提供了技术保证。随着农机化的发展，农机专业合作社、农机服务企业应运而生。这些企业向农民提供机械租赁、经营服务和技术扶持。尤其是贫困家庭，可以低价租用大型农机，从而减少了农机购置的成本壁垒。

目前，我国农机推广工作已有较大突破，但因地域差异较大，推广范围也不相同。农业机械化在经济发达、农业生产条件良好的地方得到了推广，特别是在东北平原和华北平原等大型农业生产区域内，大型农机器具（见图3-1、图3-2)是农业生产不可缺少的生产工具。但在山区和丘陵地区，由于地形复杂、耕地面积小，农机使用效率低下（见图3-3、图3-4）。另外，由于农民对农机使用的熟练程度参差不齐，一些地区的农民对农机的运用面临一些技术性的障碍。西部贫困地区的农机推广工作相对比较落后，仍需要通过技术培训和指导来提高农民的操作水平。

图 3-1

图 3-2

随着农业机械化的普及，农业生产效率和质量得到明显提升。机械化作业可以极大地降低农民的工作量。特别是在耕作、播种、施肥、收割等过程中，机械装备的使用可以使农民更加高效、准时地进行作业，提高农业生产的经济效益。但在农业机械化的推广过程中，也遇到了不少问题。首先，在一些区域，由于地形复杂农机作业的技术适应性难度较大。尤其是在丘陵山区，农业机械对农业生产的适应能力不强，成为制约农业机械化发展的主要瓶颈。其次，农机器具的价格偏高使农村贫困农民购置农机的费用负担很大，

图 3-3

图 3-4

尽管政府给予一定的补助，但依然有相当一部分农民难以承担购置农机的费用。最后，虽然国家在农业机械化作业培训上下了很大功夫，但是因为缺少专门的技术训练和操作人员，有些农民不能很好地掌握农机器具的使用方法，造成农机的利用率未实现最大化。

2. 农业产量提升技术的示范田和试验基地建立

20 世纪 80 年代初期，尽管我国的农业生产总体上已经具备相当的规模与良好的基础，但仍是以传统的农耕方式为主导。科学技术渗透相对不深、生产效率低下。为促进农业生产，尤其是粮食增产，我国决定创建一批农业科学技术示范性基地。通过对新技术和新品种的科学实验与示范推广，对新技术和新品种的适应性进行验证，来促进其在更大范围内推广应用。

国家在示范田、试验基地建设上给予大力扶持，着重表现在农业农村部与当地政府的指导。与此同时，农业研究机构、农业大学、当地农业科研机构等也积极投入示范田的建设，并积极开展示范田的技术推广工作。

建立农业科学技术试验基地和农业科学技术示范田，为新技术、新产品的推广提供了一个试验平台，同时对农民进行技术培训和现场指导。通过这些示范田和试验基地，农民可以直观地看到并掌握最新的农业技术，并且将其运用到实践中去，从而减少从众、试错的问题。通过示范田、试验基地的建设，农民对农业技术的认识、接受程度大大提高。农民通过参加示范田的技术培训，掌握了科学的种植技术，提高了种植的科学性和规范化水平。不少农民在学习新技术的同时也通过与专家沟通得到了技术支持，促进了农业科学技术的推广。

（三）乡村基础设施与科学技术资源构建

农田水利基础设施是推进农业现代化，提高农业生产效率的一个重要环节。特别是在北方干旱、半干旱及缺水地区，改善供水状况是保障农业安全的核心内容。20 世纪 80 年代初期，党和政府意识到农田水利在农业发展中的重要地位，并提出要大力发展水利基础设施建设。改革开放初期，我国农村基础建设相对落后，很多耕地缺少高效的灌溉体系，一些地区受到季节性干旱或缺水情况的影响，出现了粮食安全问题。为突破这一困境，我国把农田水利工程作为农业发展的重中之重，集中精力解决灌溉用水不足、排水不畅、水资源浪费等问题。因此，进行了大规模的水利建设。

进入 20 世纪 80 年代后，国家相继出台了一系列关于农业水利建设的政策措施。例如，1987 年实施的《水利建设"七五"规划》提出加快农田水利建设，以提高水资源的利用效率。到 90 年代初期，国家对农村水利基础设施建设进行了大规模的投资，尤其是在农田灌溉、排水系统、渠道整治等方面取得了显著进展。农田水利建设的重点是灌溉系统的完善。国家通过修建水库、水渠、灌溉管网、泵站等基础设施，确保了农业生产能够获得稳定的水源供应。此外，排水系统的建设同样重要，特别是在一些雨季降水过多、易发生水涝的地区，通过建设排水沟渠和水库调控水位，极大地改善了农田排水条件，避免了水涝灾害。国家还通过政策支持引导农民投入农田水利建设中。例如，政府通过提供低息贷款、补贴政策等，鼓励农民和农业合作社参与水利项目的建设，尤其是引导地方政府在农村地区建设小型水利设施，增强地方农田水利设施的自主性和可持续性。

除水利设施之外，国家还实施了交通运输、仓储和机械化设施等方面的建设。在农村经济发展过程中，改善运输状况是保证农产品高效流通，促进乡村振兴的关键因素。从 20 世纪 80 年代末到 90 年代初，我国加大了对农村公路、桥梁、沟渠等交通基础设施的投资力度，为农民运输农产品、农机器具等提供了足够的便利。随着我国农业机械化的不断深入，农机机械化设施的建设也受到越来越多的关注。我国农业机械化水平的不断提升、农机装备的推广应用以及服务体系的不断健全，为农业生产的发展提供了有力的技术支持。国家通过设立农机服务站、开展农机租赁、技术培训等方式，为农民解决了农机购置难、操作难等问题并推动了农业生产方式的现代化进程。除此之外，党和政府还不断加大对仓库设施的建设力度，使仓储设施的建设也逐步得到加强。在农产品收获季节，农村地区面临着粮食储存和加工的挑战。从 20 世纪 90 年代开始，我国在一些重要的粮食主产区投入了大量现代化储藏设备，为食品的安全与品质提供了保障。

在农业与农村现代化逐步推进的过程中，推广与普及科学技术资源已是重要目标。为了实现这一目标，我国先后在农村设立了若干基层科学技术教育和推广中心，并利用它们对农民进行基础农业科学技术教育和农业知识的传授。这些培训与推广机构，既能有效地推广农业技术，又能有效地提高农村人才的素质，为今后提高农业生产力、实现乡村振兴打下了坚实的基础。

20 世纪 80 年代初期，我国农村科学技术发展相对滞后、教育资源相对匮乏。农民掌握、运用现代农业科学技术的能力普遍低下。为改善这种状况，我国相继出台了一系列扶持政策，鼓励当地农业部门、农业科研院所到农村开展科学技术教育与推广。通过基层科学技术推广中心，农民能够了解到目前最先进的种植、养殖、病虫害防治等方面的技术，提高对农业科学技术的接受程度和运用能力。而农村基层科学技术推广中心（以下简称"农技推广中心"）则以向广大农民宣传、普及农业科学技术知识为主要职责。这种培训中心一般设在乡镇，便于周围的农民就近学习。在农技推广中心的教学系统中，技术人员和推广员发挥关键性的作用。他们不但向农民传授基本的农业生产知识，还把一些实用的技术，如作物栽培、农机使用、灌溉技术等介绍给农民群众。农技推广中心也很重视农民的实践操作能力，通过实地培训和现场演示，使农民获得最新的农业科学技术知识。例如，在推广水稻种植技术时，农技人员到田间进行演示，使农民掌握全面的技术要领。另外，农技推广中心还向农民提供农资，如种子、化肥、农药等，并指导农民正确运用现代化农业科学技术进行科学种植。通过建立基层科学技术教育和农技推广中心，农业科学技术得以全面普及和传播。此时，农民已初步具备农业科学技术，在种植、病虫害防治、农产品加工等技术方面有了明显提高，同时也提高了农业产量与生产效率。农技推广中心还促进了农业生产理念的转变，使农民学会了科学种植、合理用药、精确施肥，逐渐告别了以经验为主的传统生产方式。

（四）农业信息化的萌芽

1984—2012 年是中国农业发展的一个重要时期。随着农业科学技术的普及、农村基础设施建设的不断完善，相关部门和农民群众逐渐意识到信息化对提高农业生产效率、稳定农业生产的重要作用。为方便农民获得农业生产方面的资料，各地政府部门逐渐构建了一个初步的农业资讯服务系统。该系统的建成，为我国农业信息化建设初始化的起步、农业信息化建设提供了有力的支撑。在部分地区，首先以试验的方式进行了农业资讯服务系统的建设。在此基础上，农民可获得气象、栽培技术、病虫害防治和市场行情等基本信息。比如，气象信息对农业生产有着重要的影响，利用该服务系统，农民可以预先了解气候的变化并对耕种时机进行适当的安排，从而将极端天气给农业生产带来的冲击降到最低。另外，该服务系统还定期向广大农民宣传有关病虫害的防控知识，使农民能够更好地进行生产条件控制和减少损失。这些初步建成的农业资讯服务系统，还会利用简单的通信方式，如电话、传真等，将即时信息传达给农民。虽然信息传播还处于初级阶段，但是与传统的农业经验相比，信息化提供了更加科学、及时的指导，使得农民逐渐向"数据驱动"的生产方式转变。目前，我国农业信息化建设尚处于起步阶段，但已经在一些经济相对发达的地区发挥了显著的作用，为今后的农业信息化建设打下了良好的基础。

在我国农业情报服务体系构建之初，传统的农业电视频道、广播等媒介是农业资讯的主要传递渠道。20 世纪 80 年代初，由于农村通信条件的限制，电视、电台等媒体成为信息传递的主要途径。为普及农业科学技术知识、促进农业生产技术的发展，各级政府会利用电视、广播等形式，将农业政策、实用种植技术、市场动向等信息传递给广大农民。这些媒介的运用，极大地促进了农业科学技术知识在广大农村地区的普及。农业电视频道与广播节目，从粮食作物种植到果树管理再到畜牧养殖业应有尽有。农民在家观看农事直播，既能了解最新的农事技术又能聆听专家解答农事上的疑难。而广播节目就比较灵活了，让农民在农忙时也能及时了解到新的农业知识。另外，电视、广播等媒介也起到了预警作用。农业生产受自然环境的很大影响，在自然灾害发生前，有关部门会利用电视直播、广播等方式，对农民进行预警，帮助农民做好防灾减灾工作。例如，在特大暴雨、冰雹或台风等恶劣天气到来之前，农业频道会提醒农民提早收割或是加强温室的防护以减轻灾害风险。同时，农业电视台、广播频道也会定期公布市场行情，使农民能够对农产品的价格趋势有准确的把握，从而对生产和销售做出合理的规划来防止商品滞销、价格起伏不定。

农业资讯服务系统和电视、广播的应用，使农民对农业科学技术的接受度不断提高，推动了农业生产模式的转变。及时、准确的农业生产相关信息有助于农民做出科学的决策，极大地提升了农业生产的效率，并有效地控制了农业损失的风险。尽管在早期阶段，农业信息化所取得的客观效果是有限的，但是它在信息传递、技术普及方面所起到的示范性作用不容忽视。

二、起步发展阶段（2012—2017年）

（一）农村科学技术政策的深化

党的十八大后，随着数字要素在全行业关键环节竞争中的地位进一步提升，党和国家相继将建设宽带中国、网络强国和数字中国提升到战略地位。在此背景下，农业农村信息化建设不仅进入了提速阶段，而且上升到了国家基础设施建设的重点领域。

2012年，中央一号文件首次明确提出要在农村搭建信息服务通道，加强信息示范点建设，全面推进农业农村信息化。2013年，原农业部印发《全国农业农村信息化示范基地认定办法（试行）》。同年8月，国务院印发《"宽带中国"战略及实施方案》，要求重点解决农村地区宽带村村通问题。2014年，中央一号文件指出要建设农业全程信息化体系，标志着中国农业信息化开始由以单一技术分散应用为主向注重多元技术综合应用于农业全产业链转变。2015年7月，国务院印发了《关于积极推进"互联网+"行动的指导意见》。该意见将"互联网+"现代农业列入11项重点行动之一。为充分发挥大数据在农业农村的重要作用，同年12月原农业部印发了《关于推进农业农村大数据发展的实施意见》。该意见明确了农业农村大数据发展和应用的重要意义、总体要求和实施安排。2016年5月，原农业部等八部门联合印发《"互联网+"现代农业三年行动实施方案》。该方案预设了"互联网+"现代农业的三年发展目标，提出了十一项主要任务和六个重大工程。2016年8月，原农业部印发《"十三五"全国农业农村信息化发展规划》。作为2016—2020年全国农业现代化规划的子规划，该规划对农业农村信息化、农业物联网、农村一二三产业融合等农业农村现代化的具体方面提出了发展要求。同年11月，《农业部关于全面推进信息进村入户工程的实施意见》发布施行。该意见对信息进村入户取得的成效进行了总结，提出了一些现有的问题，也提出了五项新的实施部署。2017年，党的十九大报告明确提出要把握三农这一根本性问题，实施乡村振兴战略，构建现代农业产业、经营体系，促进小农民与现代农业的有机衔接。

总之，党的十八大以来，农业农村数字化建设扬帆起航，无论是相关方面政府部门的数量还是信息化重点工程建设的数量都大大超越了以往。一系列政策文件的发布使数字农村建设的政策体系初步建立，覆盖全国的重大工程的提出与实施，农业物联网、大数据的推进与应用充分彰显了政府部门在农村信息化、数字化建设中的主体支撑作用。农村通信设施、装备条件明显改善，行政村提前完成"十三五"规划目标，通光纤和通 4G 的比例均超过 98%，贫困村通宽带比例超过 94%。除了政策支持、设备完善等，农村产业数字化快速推进，电子商务等新兴业态不断涌现，数字农业创新能力不断提升，数字赋能乡村建设取得明显成效。

2012—2018 年，伴随着我国乡村振兴战略的全面推进，科学技术对农业现代化的带动作用明显增强[①]。国家对农业科学技术的发展给予更多的政策支持和财政补助，从而推动了农业生产模式的创新和产业链的升级。这一时期，科学技术既是农业现代化的主要动力来源，又带动了乡村地区示范性先进技术的普及和应用，为提高农村经济和农业效益打下了良好的基础。

在此期间，科学技术在促进农业生产方式向现代化转型中发挥着重要作用。随着高效生产技术的引入，农业生产逐步从以经验为主的传统生产方式转向以科学技术为先导的现代生产方式。首先，农业机械化程度有了明显提高，智能化机械设备在农业生产中的广泛应用大幅度提升了农业劳动生产率。高效播种机、灌溉机、收割机、植保无人机等农机已广泛应用于田间作业并

---

① 李红梅，张吉维. 科学技术赋能乡村生态产业：典型模式、现实挑战与路径选择［J］. 科学管理研究，2023，41（06）：139-146.

取代了传统手工业，提高了农业生产的精度与效率。其次，智能灌溉控制、气象监测和土壤监测等信息技术在农业中的运用越来越广泛，对农业生产具有重要的指导意义。通过智能灌溉控制系统，农民能够依据作物的需水量对其进行精确的灌溉，从而达到节约用水的目的。气象监测系统还可以为农民提供实时的气象资料，使农民能够更好地进行耕种、收割，减轻自然灾害带来的损失。现代农业技术的运用，极大地改善了农业生产效率，为实现农业现代化打下了坚实的基础。

在我国农业现代化进程中，创建和推广科学技术示范基地具有很大的引领带动作用。这些示范基地被设立在科学技术发展基础较好的农村地区，作为先进农业技术和管理模式的"试验田"，既展现了现代农业生产的实效，又为农民提供了直观的学习机会①。很多科学技术示范基地都引进了现代温室和智能灌溉控制系统，使农业生产的品质和产量得到了极大的提升。经过考察、学习，不少农民把新技术运用到自家田地里，带动了当地的农业生产。比如，在山东寿光的蔬菜大棚一体化示范区，农民可以学到水肥一体化、病虫害控制等先进的蔬菜生产技术，有效提高了本地农产品的市场竞争力。

2012—2018 年，以科学技术为动力的农业现代化建设，既促进了农业生产效率的提高，也促进了乡村经济的多元化和产业化发展。在科学技术创新的带动下，我国乡村已逐渐由传统的单一农业生产转向多产业融合的现代农业经济。这一时期，国家对现代农业科学技术创新与应用工程给予大力扶持，促进了"农业+旅游""农业+文化"等新业态的涌现。比如，部分示范基地通过与农旅结合的方式，把现代化的农业生产方式和观光旅游相结合来吸引都市游客，实现农业产出的多元化并提高农民的收入。另外，农业科学技术创新也带动了农村电子商务的发展，使更多的农民利用网络平台把自己的农产品销售到全国各地。随着信息化的发展，农民可以直接面向市场做出自己的产品选择，形成了一个完整的"产供销"的现代农业产业链。比如，农民利用电子商务平台能够迅速了解市场需求的变化情况，以此来对种植品种和生

---

① 张扬，张耀兰. 推进农业农村科学技术现代化持续促进农业农村高质量发展 [J]. 安徽科学技术，2022(12)：39-43.

产计划进行适当的调整。这样就能提高农产品的附加值,避免以往由于经济作物滞销而导致的经济损失。这一信息化的农业生产模式,为乡村经济带来了新的生机,提高了农民的收入与生活水平。

(二)智能农业的初步应用

图 3-5

2012—2018 年,智能农业在我国顺利开展,土地管理技术和无人机喷洒技术(见图 3-5)成为这一阶段的重要应用示范。在传统农业生产中,土地资源的管理较为粗放,耕地利用效率不高,耕作模式也比较单一,常导致土地资源浪费和农业产量受限。而土地管理技术的应用为土地的高效利用提供了科学依据和技术支持。例如,土地信息管理系统可以通过地理信息系统(GIS)对土壤、气候、地形等信息进行全面采集和分析,帮助农民优化种植模式和作物布局。土地管理技术的应用逐渐推广至各地，提升了农田管理的精细化程度，也改善了农业生产的效益。无人机喷洒技术作为智能农业中的重要技术，在2012—2018年的应用快速增长，成为推动农业现代化的亮点之一。无人机不仅能高效地执行喷洒任务，减少了人力投入，还能精准控制喷洒区域和药剂用量，有效减少农药残留和污染。相比传统的人工喷洒作业，无人机可以在短时间内完成大面积喷洒作业，特别适合大规模的农田管理。此外，全球定位系统（GPS）和遥感技术（RST）的结合，使无人机可以根据作物的病虫害分布情况，实现精准喷洒，避免了药剂浪费，提高了防治效果。

这两项技术的应用示范，不仅使农业生产实现了机械化向智能化的跃迁，还展示了智能农业的广阔应用前景。土地管理技术和无人机喷洒技术的推广，也让更多的农民看到科学技术对提升生产效率的实际效果，提高了他们对智能农业技术的信心。

传感器技术的运用是实现智慧农业科学化和数据化发展的重要一环。2012—2018年，随着物联网、信息技术等高新技术的快速发展，传感器技术已初步用于农业生产过程中，并逐步形成了一套完整的农业数据收集与监测系统。该传感器系统能够精确获取土壤湿度、温度、水分和营养成分等详细参数，为农民提供实时的精准数据监测和指导。农民通过传感器获取数据信息，能够及时掌握作物的长势，进行更加精细化的管理。农民还可以利用传感器技术（见图3-6）对温室内的温度、二氧化碳浓度等环境参数进行自动监控，从而实现对温室内环境的优化。该传感器系统的智能化监控，可以有效地降低人为因素造成的不确定性，从而更好地指导农业生产活动。在野外条件下，土壤传感器技术对水肥一体化的监测起到了很大的推动作用。农民利用传感器获取土壤水分、营养等信息后，可对水肥进行精确调控，在降低水肥浪费的同时，提高农产品质量、性价比与产量。将传感器技术应用于农产品质量监控，还可以有效提升农产品产量与资源利用效率，并为构建农业大数据与智能平台奠定基础。随着更多数据的积累，农民可以更好地分析和预测作物生长过程中的各类风险，实现智能农业的可持续发展。

图 3-6

(三)"互联网+农业"模式的兴起

农村电子商务的出现，对农产品的销售产生了深刻的正面影响。由于地理位置、交通等因素的制约，我国农产品在大城市中难以快速有效地流通，从而制约了农民增收。2012 年以来，伴随着电子商务平台的兴起和网络基础建设的发展，乡村电子商务逐步崛起，打破了过去依靠经销商进行销售的传统模式。农村电子商务是利用互联网平台将农产品直接卖给消费者，这样能让农产品的生产价值快速得到市场的反馈，并对市场需求做出相应的结构调整，在提高农产品的附加值的同时，也提高了农民的收入。在此过程中，电子商务平台通过与政府、企业等多方协作，促进了农村电子商务的发展。比如，阿里巴巴、京东等网络平台，通过"淘宝村""京东农场"等专业的乡村电子商务服务，为农民提供农产品的销售、运输等方面的支持。很多地方政府都对乡村电子商务给予大力扶持，为农民提供了政策补助、技术培训等，让农民熟悉网络经营，提升他们的电子商务经营水平[①]。伴随着农村电子商务的逐渐兴起，农产品的销路大大拓宽，城乡之间的相互作用越来越紧密，农

---

① 孟崴. 乡村振兴背景下农业品牌竞争力的提升对策 [J]. 农业经济，2024(11)：129-131.

产品的流通效率也大大提高。同时，随着农村电子商务的发展，农村物流体系得到了进一步完善。我国传统的农村物流系统比较薄弱，在运输过程中存在着成本高、时效性差等问题。伴随着电子商务的兴起，我国的物流企业纷纷加大了对农村的投资力度，加强了农村物流网点的建设，提高了农产品流通的效率。尤其是在生鲜农产品流通领域，发展冷链物流可以使农产品在运输中保鲜，从而提高农产品品质。

随着"互联网+农业"模式的发展，各类农产品网络营销平台逐步落成和推广，为农产品的在线销售开辟了更为便利的网络交易途径。这些平台将农产品的供给信息进行集成，在产销两个方面进行高效对接，从而减少了中间的流通环节，使农产品的流通过程变得更为直接和透明。在这个过程中，农民可以通过电子商务平台向消费者直接出售自己的商品，形成"从源头到餐桌"的供应链模式，提高农产品的市场竞争力。搭建各种线上营销平台，例如抖音、快手、小红书等电子商务平台，帮助农民快速掌握市场需求。比如，很多农产品平台都建立了农产品价格监控体系，让农民能够及时了解到市场行情的变化，及时调整种植、销售方案，减少供需不平衡所带来的经济损失。同时，部分电子商务平台还推出了由顾客预先下单，农民按订单进行生产供给的模式，有效解决了农产品流通中的库存积压、浪费等问题。这样的平台营销模式，提高了农产品供应链的效率，提高了产销匹配度。此外，农产品线上交易平台的运用，也促进了农民对农产品品牌认知的提高。很多电子商务平台通过品牌策划、包装、宣传等方式，帮助农民创建具有区域特色的农产品品牌，提升农产品价值。通过建立品牌，农产品逐步由原来的初级加工产品，变成了有品牌价值的高附加值产品，从而大大提高了市场竞争力。另外，部分农产品平台也有可追溯的功能，用户可在该平台上看到农产品的生产过程、质量以及产地等信息。这一透明的可追溯体系有助于提高消费者对农产品的信任度，从而提高农产品的销量。

（四）科学技术推动农村产业结构优化

特色农业产业链指的是以区域资源为基础，以当地特色作物为核心，利用科学技术对生产、加工过程进行优化，从而形成的一条产业链①。与传统农业相比，特色农业更注重就地取材，与当地的特色和优势相结合，利用科学技术手段对其进行精细管理，让种植、养殖、加工等各个环节都能得到协调发展。在科学技术的支撑下，地方形成了很多具有特色的农业产业链，如宁夏的枸杞、山西的小米、海南的榴梿等。利用科学技术手段形成一条完整的生产加工、品牌营销和市场营销的全产业链，使农产品的附加值得到了极大提高。与此同时，新的种植和经营模式不断涌现，极大地提高了农业生产效率。例如，以"水稻+小龙虾"、稻田养蟹为代表的"稻渔共生"模式，以科学技术支撑、种养相结合的方式，实现了粮食生产与水产养殖的有机结合，提高了土地利用效率和经济效益。其中，高新机械设施农业作为该阶段的重点，通过设施栽培、智能灌溉、土壤监测等技术手段，对作物生长环境进行科学调控，为特色种植养殖模式提供保障。各地根据气候、土壤和水资源条件，选择适宜的特色农业种养模式，有效提升了当地农业产业的整体效益，为乡村经济转型升级提供了有力的支撑。特色农业产业链的形成，既能为农民带来更高的经济效益，又能促进农村就业形式的多元化。多元化的种植和经营模式吸引着越来越多的青年返乡创业，并为他们带来了稳定的收入来源。特色农业通过品牌化和标准化生产，逐渐在市场上形成竞争优势，促进了乡村经济向现代农业转变。

随着科学技术的进步，乡村新业态、新产业不断涌现，乡村产业逐步形成多元经济格局。随着"互联网+"和物联网等新兴科学技术的应用，很多农村正在逐步转变为融生产、加工、销售和服务为一体的现代农业综合体。并且，现代乡村旅游、休闲农业、生态农业等以科学技术服务为基础的新业态不断涌现，为乡村经济带来新的增长点。在这个时期，出现了以休闲农业、乡村旅游为代表的新兴业态。休闲农业依托农业资源，建设田园综合体、农业观光园让游客体验农事，以促进农业与旅游、文化等产业的深度结合。例如"农家乐""观光农庄"等，既能吸引大批城市游客带着孩子进行研学等教

---

① 常雯媛. 乡村振兴背景下智慧农业的发展路径 [J]. 农村科学实验，2024(21)：178-180.

育活动，又能提升农产品附加值，推动农业多元化发展。乡村旅游的兴起，不仅带动了当地的餐饮、住宿等服务产业，也为当地提供了大量就业岗位，成为许多乡村经济的主要支柱产业。科学技术服务对生态农业和智慧农业的发展起到了积极的推动作用。在生态农业中，科学技术手段在有机农业和循环农业中得到了广泛应用。它可以减少化肥农药的使用，促进了绿色种植模式的发展，提高了农产品的生态附加值。很多村庄都以生态农业为依托，建设生态观光区，实现了农业生态和经济的双赢。智慧农业通过数据监控、智能管理等手段，进一步提高了农业生产效率和资源的有效利用率，实现了农村经济可持续发展。

农村电子商务的迅速发展也成为新型乡村产业的重要支柱。"互联网+农业"的发展趋势使许多特色农产品可以通过网络销售到全国乃至世界各地。在这个过程中，政府与商贸公司一起推动农村电子商务的发展，通过建立线上销售平台、提供电子商务培训，让农民们掌握电子商务运营的技巧，让他们可以把自己的特色产品直接卖给消费者。农产品线上销售渠道在增加农村经济收入的同时，也促进了农业和信息产业的融合，给乡村经济带来了新的活力。

三、加速推进阶段（2018年至今）

（一）乡村振兴战略中的科学技术赋能

在贯彻党的十九大精神的开局之年，习近平总书记领导的党中央制定出台了一系列政策文件，旨在建设数字乡村，不断推进农业农村现代化。2018年1月中央一号文件首次提出要做好整体规划设计，"实施数字乡村战略"。这是我国在乡村振兴战略背景下对"乡村该如何建设"这一问题的进一步回应，从宏观层面昭示我国乡村建设进程已然进入数字乡村建设的新阶段。同年9月，中共中央、国务院颁布的《乡村振兴战略规划（2018—2022年）》指出，要大力发展数字农业，加快现代信息技术与农村生产生活全面深度融合，数字化赋能乡村建设能够形成乡村发展的新动能。2019年，中央一号文件提出要推进农业物联网和农产品全产业链大数据建设，利用"互联网+"推动农产品出村进城，促进公共服务进村入户。同年2月，农业农村部印发《2019年农业农村市场与信息化工作要点》。该工作要点指出要以"互联网+"农产品出村进城、信息进村入户等重大工程为抓手，全面推进农业农村信息化。同年5月，中共中央办公厅、国务院办公厅同时印发了《数字乡村发展战略纲要》，该战略纲要放眼长远，将数字乡村建设分为四个阶段实施，明确了数字乡村建设的十项重点任务。国家通过专门文件部署的形式将我国的数字乡村建设引上了"快车道"。2020年1月2日发布的《中共中央　国务院关于抓好"三农"领域重点工作确保如期实现全面小康的意见》，明确提出要改善农村农业基础设施现状，稳步开展数字乡村试点工作。1月20日，《数字农业农村发展规划(2019—2025年)》正式对外发布，规划立足于农业农村的发展现状，对新时期推进数字农业农村建设的总体思路、目标任务、保障措施做出了新的部署，擘画了数字农业农村发展的新蓝图。5月，多部门联合的《关于印发〈2020年数字乡村发展工作要点〉的通知》《2020年农业农村部网络安全和信息化工作要点》相继印发，工作要点由四个方面细化至八个方面二十二项重点任务。9月，中央网信办等七部门正式公布了我国数字乡村试点地区名单，确立117个县(市、区)为国家数字乡村试点地区，旨在通过试点形成一批可复制可推广的经验做法，为在全国范围内推进数字乡村建设奠基。11月，《中共中央关于制定国民经济和社会发展第十四个五年规划和二〇三五年远景目标的建议》对外公布，提出要围绕乡镇这一数字乡村的中心，通过包括农村电子商务、数字治理在内的数字乡村建设，重构乡村"人、地、钱"，打造乡村振兴"新引擎"[①]。2021年1月，中央网信办等十部门印发的《数字乡村发展行动计划(2022—2025年)》，从基础设施、产业、社会、文化、生态等八个方面制订了具体的行动计划。2月，中央一号文件提出"实施数字乡村建设发展工程"，文件对信息通信行业提出了新的建议，要求加强农村数字化智能化建设，推动城乡通信同步规划建设。2022年，中央一号文件提出要加强农民

---

　　① 中共中央关于制定国民经济和社会发展第十四个五年规划和二〇三五年远景目标的建议。https://m.mofcom.gov.cn/article/zt_sjjwzqh/fuzhu/202012/20201203021505.shtml.

数字素养提升，以数字技术赋能乡村公共服务，加快推动数字乡村发展评价指标体系的研究和制定，加快推进数字乡村标准化建设。2月，国务院出台的《"十四五"推进农业农村现代化规划》，要求推进新一代信息技术与农业生产经营深度融合，发展智慧农业。9月，农业农村部发布的《农业现代化示范区数字化建设指南》，提出力争用3~5年，建成一批智慧农业先行样板，用数字化引领驱动农业现代化。2023年，中央一号文件指出"深入实施数字乡村发展行动，推动数字化应用场景研发推广"。2024年的中央一号文件也做出了要求强化农业科学技术支撑的战略指示。

上述一系列国家战略和政策方针紧扣中国农业农村信息化发展所面临经济形势、科学技术创新和社会环境的新变化，具有极强的纲领性、前瞻性和导向性，无疑都彰显出数字乡村建设创新行动的现实价值与未来机遇。

从2018年全面实施乡村振兴战略开始，以科学技术为核心、贯穿于"产业振兴""人才振兴""文化振兴""生态振兴"和"组织振兴"等五大振兴之中。科学技术赋能既能促进农业产业的现代化发展，又能促进乡村人才培养、乡村文化传承，还能改善生态环境，提高基层组织的治理与服务水平。下面将从五个方面对科学技术对乡村振兴的重大意义和现实效果进行具体论述。

1. 产业振兴中的科学技术支撑

"乡村振兴"的第一要务是产业振兴，其目的在于提高乡村经济的多样性与可持续发展水平。科学技术给农村产业经济带来了先进的生产工具与智能化的管理方式。以物联网、大数据、人工智能等智慧农业技术为基础，实现对农业生产全过程的精准监控与管理，提升农产品的生产效率与资源利用效率。采用智能灌溉、自动施肥和无人机农药喷洒等技术，减轻了农民的劳动强度，提高了生产效率。在此过程中，我国特色农业、高效农业的逐步推进，需要以科学技术为先导，通过精细育种、植物保育等措施，使农民获得高品质、高市场竞争力的作物。"互联网+"技术打破了城乡之间的信息不对称，农村电子商务的崛起极大地拓展了农产品的销路，给农民带来了更多的经济效益，促进了产业振兴的良性发展。

2. 人才振兴中的科学技术教育

科学技术教育对人才振兴发挥着重要的作用。为吸引、留住和培育一大批"懂农业""爱农村""爱农民"的高素质农业人才，各地政府纷纷设立农业科学技术培训中心和远程教育平台，对农民进行系统化的农技培训。例如，网络平台农业培训课程、电子农业图书馆、科学技术示范基地等，将现代化农业知识通过互联网进行传递，有效提高了农民的专业素质。一些农村还特地设立了农技推广中心，由乡村领导干部、农业专家、农技人员等组成，切实帮助农民解决了生产、饲养等方面的问题。通过推广科学技术、培训人才，既提高了农民的生产技能，又激发了青年留乡创业的积极性，给农村注入了创新的活力，使农村真正焕发出人才的生命力。

3. 文化振兴中的科学技术创新

乡村文化的振兴应以科学技术为手段，加强对传统文化的传播。在技术创新的推动下，乡村文化的数字化发展使其得到更好的传承和传播。比如，利用数字、多媒体等手段，将传统的手工艺、乡村风俗和民间艺术等保存下来，并制作成电子版的视频课件在全国范围内广泛传播。农村通过社交媒体、短视频、公众号等平台，乡村传统技艺、特色节日活动等获得了广泛的关注，使更多的青少年认识到了乡村文化的独特魅力。在文化振兴过程中，科学技术创新为乡村文化提供了一种新的交流方式，同时也缩短了农村与城市的文化距离，促进了城乡文化的良性互动，增强了农村居民的文化自信与归属感。

4. 生态振兴中的科学技术助力

生态振兴是指乡村生态环境的保护与绿色发展。生态振兴以科学技术的应用为主要手段。在农村，通过生态监测、空气与水体质量监测、废弃物资源化利用等手段，逐步构建起一套可持续发展的绿色发展系统，以防止农业生产造成的资源浪费。比如，推广污水治理、沼气项目等，有效地解决了农村生活污水和垃圾处理的难题。利用无人机喷洒、传感器等技术可以对农业生产中的土壤、植物状态进行实时监测，从而有效地进行施肥和灌溉。另外，有机种植、生态循环等绿色农业技术的普及也最大限度地降低了化肥、农药的用量，更好地保护了乡村的生态环境，提高了人们的生活品质。利用科学技术使生态振兴从只依靠政府的宏观政策导向，逐渐转变为农业生产活动的内生动力，从而达到绿色乡村持续发展的目的。

5. 组织振兴中的科学技术管理

乡村振兴需要通过增强基层组织的力量来提高乡村管理的效能。近年来，农村基层治理系统逐渐融合了高新信息技术，促进了农村治理的现代化。电子政务和数字村务管理体系的建立大大提高了农村管理的效率和透明度。比如，有些地方运用大数据技术，对农村人口、土地资源等进行统一的管理与配置，从而提高了农村各种服务的效率。同时，借助社会化媒体、移动通信技术，村级组织可以更快地搜集到村民的真实意见与建议，并有效提高了村民的参与度。智慧治理平台的建立，既是农村治理的一种有效手段，又可以提高基层干部的管理水平和责任感，使农村治理更加规范化。

综上所述，科学技术对"五大振兴"具有多方面的影响，是实施乡村振兴战略的重要支持力量。这些科学技术手段并不是孤立存在的，而是形成了协同效应，构建了一个系统性、可持续的乡村振兴模式。今后，随着科学技术的不断发展与推广，农村振兴的科学技术支持系统也会越来越健全。可以预期，随着人工智能、5G、太空生物科学技术等新兴技术的发展，农村将进一步实现产业现代化、人才专业化、文化多元化、生态绿色化和治理智慧化。以科学技术赋能的"五大振兴"，既可以让农民生活得更富足，又可以推动城乡统筹，让乡村振兴战略真正成为中国现代化建设的重要基石。

（二）大数据、物联网、5G 在乡村的应用

在"加速推进"阶段，大数据在农业生产经营和资源分配中得到了越来越多的运用，为乡村振兴注入了新的科学技术力量。在农业生产中，通过采集、分析和集成多源信息（如土壤、气候、作物长势等），实现从种植到养殖再到收获销售的全过程监测和精确管理。比如，在作物生长期，通过气象大数据、土壤成分分析等数据模型的搭建，农民可以科学地选择种植时机，合理安排灌溉、施肥等，从而大幅提高作物的产量与质量。农民通过对数据的

分析和需求的预测，可以最大限度地优化农业资源的分配，减少农业生产过程中必要资源的浪费。比如，在农资供应链中，利用大数据监控与分析市场需求，能够让农民更加精准地把握农产品的供需状况并做出适当的调整，从而防止农产品滞销或出现缺货。同时，大数据分析可以为农民提供实时的市场信息，从而更好地指导农民进行生产决策，提高农民的经济效益。另外，将大数据引入农业金融中，可以实现资源的最优配置。利用大数据构建农民信用评价体系，可实现对合格农民的精准信贷，有效缓解"三农"问题。农业信息化平台能够将零散的数据进行整合，形成一个完整的信息系统，使得农业管理更加科学和透明。

农村物联网技术的发展为实现农业精准化和智能化提供了重要保障。物联网是一种利用智能传感、互联网等技术，对农业生产过程中的各种信息进行实时采集和整合，并将其上传到云平台，以实现对农业的精细化管理。基于物联网的精细化农业生产技术包括土壤监测、作物长势监测、温湿度调控和病虫害防控等。比如，土壤监测技术能够对土壤水分、温度、肥力等进行实时监测，并根据监测结果对灌溉过程进行反馈，从而达到节水灌溉、有效灌溉的目的。在生态监控领域，物联网技术为农村地区的生态保护和环境管理提供了强有力的支撑。农村是一个典型的水土流失和农业污染严重的区域，利用物联网技术对其进行实时监测，可以快速、准确地检测出存在的环境问题，并对其进行有效的治理。比如，在江河、湖泊等水源丰富的地区，设置水质传感器，对水体的 pH 值、溶氧量等进行实时监控，一旦发现异常情况，可以及时发出警报，以便有关部门及时采取相应的对策。同时，利用空气质量、气象监测等精密的科学仪器，对农村地区的空气质量进行实时监测，可以为政府部门和农民提供科学的环境保护对策。

5G 技术在农村的应用将对农村地区的信息系统进行完善，使其具备更高的传输率、更低的响应延迟。5G 网络具有大带宽、大覆盖、响应快、成本低等特点，使得农村能够迅速开展智慧农业，实现地域间的信息传递与共享。例如，利用 5G 技术将农业无人机、田间传感器等与远程监测装置相结合，农民就能实时了解作物的长势、病虫害等情况，从而实现精准的田间作业。另

外，5G 技术的应用，也大大提高了农村的应急管理水平和防灾减灾能力。5G
网络能够在恶劣天气、洪水等突发事件中，保障野外监测信息的实时传递，
提升灾害预警精度与快速响应能力。这一技术的应用不仅提高了乡村的安全
保障能力，也为农业生产提供了更为稳定的环境保障。

（三）智慧农业与智慧乡村建设

随着科学技术在农业生产过程中的广泛普及，智慧农业园区已成为乡村
振兴的一个重点试验项目。智慧农业园区将物联网、云计算、大数据和人工
智能等多个领域有机结合在一起，以集成的智能化管理体系为基础，使农业
生产达到了高度的自动化和精细化。江苏、浙江、山东等的智慧农业示范基
地，通过对土壤、气候、湿度等数据进行实时监控，建立了从耕作到灌溉再
到收割的智能化管理模式。比如，江苏省宿迁市的一个智慧农场，通过把各
种传感器和监测装置布置在田间地头，对土壤湿度、温度、气象等进行实时
监测，并把信息反馈到中央管理系统。农民只需通过手机、平板或计算机就
可以实现远程自动控制灌溉系统并对其进行实时监测。这节约了大量人力物
力。极大地降低了劳动力成本，提高了土地的利用效率，提高了农业生产效
率。另外，通过智能装置进行的数据分析，可以对农业生产过程中出现的有
害生物进行预警，为农民提供科学的防治措施。比如，通过无人机、遥感等
技术，可以在大范围内对农田进行监测，及时定位、精准施药，在保证作物
健康成长的前提下，减少农药的使用量。

智慧乡村是指通过建设现代管理平台，以乡村社区为基础进行精细化管
理的一种新型农村治理方式。基于 5G、物联网、大数据等技术，智慧乡村社
区建设涉及社区服务、环境治理、安全监控、居民健康等诸多领域。在浙江
和广东等发达地区，为了便利群众的日常生活，在农村基层治理方面，部分
基层社区建成了智慧化管理平台。比如，在"智慧社区"里，居民们可以用
手机 App 完成水电费缴纳、社区服务预约、家政服务发布等日常事务。在环
境管理方面，智慧社区利用传感器对水质、空气质量、垃圾处理等进行监测，
当数据出现异常时会立即报警提示社区工作人员进行处理，保证了居住环境

的质量。该系统能够对农业废弃物投放、农业废弃物处置情况进行实时跟踪和分析，为政府制定环境保护政策提供依据。另外，智能管理系统的应用，使小区的节能措施得到了极大的提升，比如公共灯的开关、监控室的温度和湿度的控制，可以有效地减少能耗。智慧乡村的治理平台对保障社会治安具有十分重要的意义。小区内安装智能监测设备可以对小区周围的安全状况进行实时监测，如果有异常现象系统就会发出警报，提醒社区工作人员、公安等部门迅速做出反应。另外，社区中老年人和孩子的安全问题也值得重视，部分智能社区为老人配备了智能 GPS 手环，当老人走丢时，家人可以通过定位找到他们的位置。这种智慧化的管理模式，不但提升了小区的治安水平，更提升了住户的安全感。在健康管理方面，通过大数据平台，可以对居民的健康信息进行定期收集、分析，建立健康档案。比如，有的小区安装了方便的健康测试装置，支持住户在任何时间测量血压、血糖等，并将这些数据上传到管理平台让专家进行分析。一旦发现居民身体出现异常的情况，居民就会得到社区的提示。

（四）乡村治理模式的科学技术创新

在公共资源管理中，通过智能化手段，可实现农村资源配置的科学化和精准化。比如，很多乡村都安装了智能水表和电表，实现了对水、电的实时监测和自动管理，从而避免了不必要的资源浪费。此外，小区的垃圾收集系统还采用了智能化传感技术和数据监测技术，当垃圾桶装满时能够及时发出警报，提示社区工作人员对其进行清理，使村庄的环境更加清洁。这些自动化设备不但提高了社区管理的效率，而且大大节约了人力、物力。此外，智慧化的管理方法对社区的社会交互、居民的交流也起到了很大的作用。比如，社区管理平台能够利用大数据深入了解居民的需要，并定期发布调查问卷和活动安排等资料，同时还能听取居民的意见，从而对社区服务的内容进行优化。通过这种智慧化平台，社区管理人员可以及时了解居民的意见与要求，从而更好地满足居民的现实需求。此外，社区间的信息交流与互动合作，极大地提高了农村基层治理的效能与凝聚力。

　　将科学技术运用到农村公共安全领域可以进一步提高农村公共安全水平。在紧急情况下，大量物联网终端、实时数据采集系统为农村地区的突发事件提供了有效的保障。比如，在沿海的农村地区安装智能化气象监测设备就能实时监测气象参数，如风速、降水、气温等。当出现自然灾害(如地震、台风、强对流天气)时，该监控系统将向当地居民发布预警信息并第一时间向当地居民发出相应的警告，从而将灾害造成的损失降到最低。与此同时，借助智能技术村庄也能够构建起应急响应机制，比如，在洪水、泥石流等自然灾害来临前，通过社区应急广播系统以及居民手机应用程序，及时发布灾情信息以通知居民在最短的时间内撤离。

　　科学技术在社会安全治理中同样有着不可替代的作用。随着5G、物联网等技术的广泛应用，农村安全防范体系逐渐向智能化方向发展。很多乡村都安装了智能监控系统。它们不但可以拍摄到高清晰度的画面，而且可以发现不正常的行为，然后一键智能报警。它们还可以与公共安全管理体系连接。当出现不正常的情况时，比如晚上有陌生人闯入，公共安全部门就能快速做出反应。这种新技术能有效地防止偷盗、破坏等扰乱社会治安的违法活动。该系统可以给农村居民带来一个更好的生活环境。同时，人脸识别和大数据分析等手段，可提高公共安全管理的精确度。比如，在一些人口繁密的重点村庄，通过在主要的人流车辆出入路口等地方装上人脸识别系统，可以有效地鉴别出入村子的人并对他们进行线上后台智能核验。在法定节假日和当地重大活动中，管理者可以利用大数据对人流进行实时监测，从而保证村庄的治安。这种智能化的安保措施，在提高城市公共安全管理效率的同时也极大地减少了公共安全风险，实现了农村社会治安"防控一体化"的新形态。另外，在科学技术的帮助下，农村的交通管理也逐步走向智能化。通过对道路监控、电子警察和交通数据的分析，可以很好地保证乡村的交通安全。比如，在某些易发生交通事故的道路上，监测系统能够及时发现车辆的不正常行驶情况并快速报警，来协助道路安全管理部门及时处置道路安全隐患。此外，监测系统还能实时记录路面上的车流状况，以便村民制定合理的出行方案，从而改善交通状况。

第二节　科学技术赋能乡村振兴的实践成效

一、乡村新业态新模式不断涌现

（一）农业产业链的延伸

1. 加工、包装、物流科学技术的引入

随着科学技术的不断进步，农产品加工、包装、物流等各个环节的科学技术手段正在逐步推广到乡村，使农产品的产业链得到了多维度的延伸。以往的农村农业都是以原材料生产为基础，其产品附加值几乎可以忽略不计，导致农民经济增长的空间十分有限。现在通过采用各种加工技术，农产品可以在当地先进行初级加工后再销售，从而提高了其附加价值。比如，有的地方引入了冷链处理设施，通过改善冷藏条件保证商品在运输中的新鲜程度，保证其稳定的市场供给。与此同时，冷链物流的发展也促进了农产品向外流通，拓展了农村农业的市场销售渠道。

在产品包装的工艺流程上，真空包装、保鲜膜包装、抗菌灌装等现代包装技术逐渐被农村地区所采用。这极大地延长了农产品的贮藏期。这种先进的包装技术不但可以提高农产品的保鲜能力，还可以适应各种市场对产品的要求，从而使特色农产品在市场上具有一定的竞争力。另外，随着科学技术的不断进步，包装变得更加环保、更容易实现生物降解。这既符合现代人对环境保护的需要，也可以有效提高农产品的市场竞争力。

而现代物流技术的发展，给农业生产带来了革命性的变化。现代物流技术如供应链管理系统、物联网、智能仓储和大数据等可以极大地提高农产品的运输效率。比如，浙江台州的部分乡村通过使用物联网技术对物流进行实时跟踪，实现了对运输全过程的监控。有些地方还利用目前社会上的最高新技术比如无人机技术，将农产品高效并精准地送到每个销售点。这种高效率的物流模式，不但可以减少运输时间，还可以减少农产品的损失，对农村的

经济发展有很大帮助。

2. 农村地区"种养加销"一体化发展模式

全面推进"种养加销"一体化模式是高新科学技术赋能乡村振兴的一个重要表现。"种养加销"模式打破了传统的单一生产方式，将种植、养殖、加工、销售等各个环节有机地结合在一起，形成了一个完整的产业链。在广西北海市，果农通过这种方式可以直接参与农产品的生产、加工、销售等各个环节，从而获得最大的收益。比如，有些地方的农民不但要自己种植蔬菜和水果，还要对蔬菜进行初步的清洗、筛选和包装，然后利用网络平台把产品卖到市场上。直接减少了从田间到餐桌的诸多中间环节，提高了企业的经济效益。

就养殖而言，"种养加销"在农村的应用是卓有成效的。河南牧原集团的绝大多数养殖场引进了先进的饲养管理及环境监控装置，对饲养全过程进行精细化管理。该公司除在当地销售高品质肉制品外，还利用网络平台将高档肉制品推向全国乃至世界各地，使品牌价值得到进一步提高。农民可以通过优化和改善生产过程来提高资源利用率，并通过降低生产成本来获得最大的经济效益。

"种养加销"一体化的发展离不开电子商务的快速发展。一大批农村合作经济组织和家庭农场已经开始通过网络平台进行农产品的直接销售。通过互联网平台，农民既可省去传统分销渠道的高成本，又可直接获得顾客的反馈，从而对产品战略进行调整以满足市场需求。同时，电子商务平台将农村和城市的消费者联系在一起，让更多的消费者可以直接从源头上购买优质的农产品，从而提高农业的经济效益。同时，"种养加销"的有机结合也对乡村产业的深度融合起到了积极的推动作用。在这种模式下，农业与其他行业（如乡村旅游和文化体验等）都有密切的联系。比如，很多地方建立了"农业+旅游"的发展模式，开发了农家乐、采摘园等，为消费者提供了一种身临其境的体验，为乡村工业提供了更广阔的发展空间。这样的多元化发展，不但提高了农产品的价值，也使农村经济变得更加有活力。

(二)"互联网+"带来的新商业模式

1. 电子商务平台、直播带货等新销售模式

"互联网+"技术的普及给农村经济带来了新的销售方式,特别是电子商务平台(如淘宝、京东)、直播带货(如抖音、快手)等新兴业态的崛起,对农产品的营销方式与市场结构产生了深刻的影响。传统的农产品销售主要依靠市场和中间商,而借助电子商务平台,农民可以将产品直接销往全国乃至国际市场,突破了地理限制,减少了交易费,从而提高销售效率。抖音、快手、淘宝、京东、拼多多等电子商务平台,已经成为农民进行农产品销售的主要途径。农民可以借助这些平台向更大范围的消费人群推介自己的特产。

在农产品的营销领域,"直播带货"是一种新兴的营销方式,吸引着越来越多的农村电子商务经营者。农村电子商务借助短视频平台、社会化媒体等,通过直播的形式将农产品的生产过程、品质特征、食用方式等,对消费者进行直观的展示。直播不仅能提高顾客的信任度,而且能在互动中及时回答顾客的疑问,提高商品的转化率。与此同时,直播还可以快速扩大农产品的品牌效应,帮助边远地区的农产品快速进入主流市场,以抢占更大的市场。比如,山东寿光的农民把自己种植的瓜果蔬菜等产品进行直播,在和消费者进行互动的过程中增强他们的购买积极性,并提高他们对当地特产的认识。直播带货突破了传统零售、批发等经营模式,增加了农民的增收渠道,增强了农产品的市场竞争力。

2. 电子商务对农村经济和就业的影响

电子商务的兴起极大地促进了我国乡村经济的多样化发展,同时也带来了许多新的就业岗位。首先,电子商务平台使农民获得更多的收入来源。利用电子商务平台,农民除了能卖出传统的农产品,还能卖出乡村的手工艺品、乡村旅游产品,从而扩大产品的销路和市场。电子商务还可以推动农产品的品牌化塑造,让一些有地域特征的农产品可以通过平台快速地开拓市场,实现更高的价值增益。其次,电子商务对农村劳动力的影响力是有目共睹的。因此,很多年轻人、中年人都在寻找与电子商务有关的职业。物流、仓储、

包装、客服等也为乡村劳动力提供了大量就业岗位。尤其是在农村建立电子商务仓储、物流中心后，许多农民实现了就近就业，从而有了稳定的经济收入。与此同时，乡村的电子商务行业也带来了对培训、教育的需要，帮助乡村电子商务从业人员提高技能水平。比如，很多农村都开办了电子商务课程，教当地人开网店、推销商品、管理网上顾客等。这在提升农民电子商务运营水平的同时，也促进了我国农村劳动力市场的多元化和灵活化。对部分农村的贫困家庭来说，从事电子商务能迅速增加他们的收入，提高他们的生活水平。最后，电子商务也对农村的基础设施建设起到了积极的推动作用。为了保证农产品以最快速度送到消费者手上，各大电子商务平台、物流企业纷纷在乡村建立现代物流中心，改善农村运输、仓储条件。随着"最后一公里"物流体系的逐步健全，农村电子商务企业的供应链变得更为顺畅，农民因此获得了更好的销路和商机。

电子商务既推动了农村经济的多元化，也促进了农业与其他产业的融合发展。农村电子商务不仅仅是农业产品销售，更带动了文化、旅游、手工艺等产业的共同发展，推动了农业产业与现代服务业、文创产业的深度融合。

（三）休闲农业和乡村旅游业的兴起

观光农业、农家乐等是农村旅游的主要形态，既是农民增收的一种方式，又是农业生产和现代旅游有机融合的一种创新模式。所谓观光农业，就是将农业景观、农业生产过程、农耕文化等要素与旅游活动有机融合，使观光者可以切身地感受乡村生活的乐趣，并融入农业生产之中，尽享大自然的静谧①。观光农业的发展，不但促进了农业的多样化，也拉近了农村与都市的距离，使都市居民可以放松身心，亲近大自然。农家乐是一种新型的乡村旅游方式，是指以具有地方特色的住宿、饮食等生活体验为基础，将地方风景与农业生产相结合，为游客提供"一站式"的度假体验。农家乐通过"农事体验"和"乡村美食"等形式向游客开放，让游客既可以欣赏乡村风光，又可

---

① 李慧敏. 观光休闲农业对农村经济发展的影响和对策探讨 [J]. 新农民，2024(32)：34-36.

以直接参与到农耕生活之中。农家乐的蓬勃发展，带动了乡村文化的普及，改善了农村环境，给农村旅游业带来了新的生机。在"农旅同享"思想的推进下，观光农业、农家乐等逐步发展成为一种产业，既能帮助农民增收，又能为旅游者提供休闲、学习、娱乐等多种的空间。同时，这种新型的商业模式在促进农村资源合理开发、完善农村基础设施建设、实现生态环保和农村经济协调发展等方面发挥着重要作用。

科学技术对发展乡村旅游具有重要意义，特别是在旅游规划、管理和服务上，既能提升游客体验，又能促进旅游业的创新和可持续发展。首先，将科学技术运用到乡村旅游规划中，可以使规划更加科学、精确。大数据、云计算、地理信息系统等现代信息技术为乡村旅游规划的实施提供了精确的地理、人口、经济等方面的数据支撑，有助于有关部门和企业对市场需求进行准确的分析，并根据当地的特点和发展前景制定出适合当地特点和发展前景的旅游规划。通过对大数据的分析，可以更好地挖掘乡村旅游在资源、环境和文化上的优势，增强其市场竞争力。其次，科学技术手段的运用，提升了农村旅游服务的便利性和互动性，自助售票系统、电子导游、智能付款等智能化设施的引进，为旅客提供了更好的服务。在乡村旅游景点，利用手机 App 或者智能装置，游客可以获得景点简介、实时天气、交通状况等相关资讯。这既增强了游客的参与性，也提升了景区的管理效率。比如，游客用手机扫一扫二维码，就能得到导游的帮助，还能实时地了解周边的农田、名胜、历史等，增加了游览的互动性和趣味性。最后，科学技术也为乡村旅游业的可持续发展提供了强有力的支撑。通过智能监测与环境监测，可以使管理者对景区内的环境情况进行实时掌握，并对可能出现的环境问题进行预警和应对，从而实现对乡村旅游的绿色监管。此外，通过引进太阳能供电、风力发电和雨水收集等先进的节能环保技术，乡村旅游业在实现绿色发展的同时，也可以减少运营成本。

近年来，以观光农业、农家乐为代表的新型经济形式的出现，带动了农村旅游业的多元化发展，为农民带来新的经济增长点的同时，也给旅游者带来了丰富的田园体验。科学技术的运用为旅游规划、服务和管理提供了强有力的支撑，提升了旅游体验的品质，促进了乡村旅游业的创新和可持续发展。随着智能化和信息化技术的持续运用，乡村旅游业的发展前景是无限的，它将为乡村振兴提供更加持久的动力。

二、乡村网络文化呈现良好发展态势

（一）乡村新媒体平台的兴起

1. 乡村内容创作平台的种类与作用

随着网络技术的发展，一批以农村内容创作为核心的网络平台涌现出来，为乡村文化的传播提供了多元化的途径。乡村内容创作平台包含短视频平台、社交媒体平台、网络直播平台、电子商务平台等。借助互联网的支撑，农村内容的创作不再停留在单纯的文字、图像传播上，而是向更具创造性和互动性的多样化的表达方式转变。首先，以小红书、视频号等为代表的短视频平台，已成为乡村文化产业发展的重要"战场"。这些平台鼓励网民们在网上发布自己家乡的自然风光、传统风俗、特色农产品等信息，引起了广大市民和旅游者的广泛关注。这样不但让更多的人看到了农村的原本风貌，也让乡村文化和农业传统得到了更多的宣传。比如，有些农民利用短视频来展现自己家乡的种植历程、丰收时节的状况，还向观看的人介绍乡村的手工艺品和地道的乡村菜肴，大大提升了乡村的知名度与吸引力。其次，以微信和微博为代表的社交媒体，已经成为村民和农民表达意见和发布信息的主要途径。农村社会网络平台既是村民与外部世界交流的桥梁，也是推广乡土文化的一种方式。通过这个平台，农民们可以进行日常生活、农业生产技能和乡村文化活动的交流，特别是在新冠疫情时期，乡村社交平台已经成为农民获取信息和参与社会公益活动的一个重要途径。同时，电子商务平台也为农村地区打造了一种崭新的经营模式，将各种电子商务、文化企业引入农村产业中来。最后，以快手、抖音等为代表的直播平台因具有更强的互动特性，已成为农村信息产业发展的新方向。农民在现场进行农业生产、特产销售和乡村旅游等活动，突破了传统信息传递的时间和空间的局限，增强了与受众的互动性。

在直播平台上，农民不仅可以在直播间里分享自己的农业知识、传授农业技术，还可以把自己的农产品卖出去。直播带货既能提高农民的收入，又能让更多的人认识并买到高品质的农产品。

2. 网络传播的互动性带来的文化影响

互动性增强了乡村文化的传播效果。传统的文化传播主要依靠书本、广播和电视等单向传播手段，观众参与度不高。而互联网的交互作用，使乡村文化传播呈现出多样化、个性化的特征。观众通过评论、点赞、收藏、转发等互动模式，不仅成为文化的消费者，也逐步成为文化的传播者。在这种双向交流的过程中，农民的文化表现得到了更多的重视和认可。交互性也促进了乡村文化的创新和传承。乡土题材创作者与观众的交互、沟通，为乡土文化创作提供了多元、创新的环境。比如，很多乡村文化的创作者，在与观众沟通的过程中，对内容进行了完善和创新，从而实现了对传统的继承与创新，以满足现代社会的需要。在新媒介的交互作用下，乡村文化内容在保持传统特征的同时，更加多样，既保留了传统特色，又融入了现代元素。互动性使乡村文化更贴近大众的日常生活。借助交互平台，村民的生活与文化由孤立、封闭的状态转变为能够与外部世界进行对话、沟通的开放的状态。这样的交流既增强了村民的文化自信心，又使城乡间的文化隔阂逐步消失。乡村文化不再是仅供本地居民欣赏的内向文化，而是面向广泛受众的外向文化，极大地增强了乡村文化的传播力和吸引力。

（二）乡村网络文化的传播与保护

1. 传统文化的数字化和多媒体传播

以数字技术、多媒体技术为载体的乡村传统文化保护与发展，已成为当前乡村文化保护与发展的重要方向。随着互联网、人工智能、大数据等技术的不断运用，农村地区的传统文化可以被保存、传播、分享。这样既能使传统文化不至于流失，又能使之在当代社会获得新生。首先，数字科学技术促进了农村非物质文化遗产的保护与传承。比如，很多农村的传统技艺、民间艺术、节庆活动、民歌舞蹈等都经过数码产品的拍摄和记录，并以视频、音频、文字等多种形式呈现出来。这部分文化遗产就不是在某一地区或某一人群中保留，而是在互联网上向更大范围的受众进行传播。例如，通过短视频平台、社交媒体等，很多具有地域特点的传统艺术得以传播到世界各地。这样既保护了乡村文化，又使更多的人认识并欣赏到了它。其次，农村传统文化的数字化还通过多媒体的形式表现出来。现在，许多乡村文化的创作者通过图文、视频、音频等各种形式，对传统文化进行了现代包装与展示。借助VR 与 AR 等技术，可将乡村历史文物、传统建筑、乡土风情等内容呈现给观众。数码技术和多媒体技术的融合，不但使年青一代对乡土文化产生了浓厚的兴趣，同时也使传统文化有了一种崭新的表达方式。

2. 科学技术促进文化传承与创新融合的案例

当前，文化与科学技术正以前所未有的态势深度融合，博物馆中的数字展览穿越时空，古城墙上的智慧灯会流光溢彩，剧院里的沉浸式舞台令人如痴如醉……文化与科学技术在交织碰撞中迸发出新活力与新机遇，展现出无限魅力与广阔的发展前景。2024 年的《政府工作报告》提出，要"深入推进国家文化数字化战略"。下面我们通过两个文化与科学技术深度融合的案例，来感受一下"文化+科学技术"的独特魅力与迸发的澎湃活力。

案例一

数字化修复赋予文物"新生命"

2019 年以来，三星堆遗址祭祀区"新六坑"出土了大量新奇的文物，让三星堆"再醒惊天下"，吸引各地游客慕名而来。为了让游客能够更直观、生动、便利地欣赏这些珍贵的文物，相关设计者决定以打造世界一流智慧博物馆为目标，建设三星堆博物馆新馆。

新馆的建设，是三星堆国家文物保护利用示范区的重要组成部分。首要目标是将新馆打造成为四川文旅的新地标、国家级文物保护与利用的新典范。为实现这一目标，需充分利用数字化技术手段，增强沉浸式体验，让文物在新馆中"活起来"。

在新馆的陈列中，展出了1500余件(套)最具代表性的三星堆文物，全面、系统地展示了三星堆考古发掘及最新研究成果。同时，新馆合理运用AI算法、三维数据复原、3D打印新出土重器，360°全景高模、青铜贴图演示数字化修复重器等数字化技术，让观众能够更深入地了解文物的细节和背后的故事。

在筹展时，博物馆面临一个问题：如何既保证新出土的文物及时跟公众见面，又不影响下一步文物保护和研究工作？为了解决这个问题，在新馆陈列"天地人神"展区采用了数字化修复演示的新展陈方式。有了对文物的扫描、拼对和AI算法的辅助，实现了文物的跨坑拼对和复原。借助3D打印技术，还复制出了1∶1的文物模型。这样，观众便可以目睹文物的奇特与精美，感受到三星堆国宝的魅力。

此外，借助数字化技术手段，增强了观众的沉浸式体验。在"世纪逐梦"展区，运用裸眼3D技术还原了一个考古方舱，让游客能够身临其境地感受文物出土的过程。在"巍然王都"展区，通过投影矩阵的画面实时融合，再现三星堆古城的宏伟和壮观。

目前，博物馆正在设计一个全新的展项，计划以动态3D的方式，沉浸式表现"神树"主题。游客来到陈列厅时，能深刻感受到古蜀人追求超越的人文精神和宇宙情怀。

三星堆博物馆新馆开馆半年多来，得到了游客的热烈追捧和好评，这反映出我们有效实现了保护文物和服务游客的平衡。我们将继续用好新科学技术、新智慧，不断推动中华优秀传统文化创造性转化和创新性发展。

案例二

数字化保护让古城墙"活起来"

西安城墙是西安市乃至陕西省的重要地标，是中华民族历史文化的重要载体。我们应积极探索现代科学技术助力文化遗产保护与传承和文旅融合创新发展的新模式，发挥数字科学技术对文保文旅事业及产业发展的支撑引领作用，培育文化遗产保护与传承领域的新质生产力。

通过先后与高校、科研院所和骨干企业共建的"文保数据治理创新实验室""本地生活文旅创新实验室""文化遗产数字水域创新实验室""文化遗产数据要素应用创新实验室"等多个联合实验室，推进产学研用联合攻关。运用先进的科学技术手段，实现文化遗产保护关键技术攻关、落地转化，发挥"数据要素 & times：文化旅游"的运营价值，探索文化遗产保护与传承的新路径。

聚焦文化遗产数字化、智能化保护及管理需求，通过人工智能、大数据、物联网等多维度科学技术创新应用探索，打造了"西安城墙数字方舱综合管理平台"，实现了文物保护、文旅运营、应急管理、防汛指挥等关键技术突破及文保文旅数据的融合共享。该平台不仅荣获"2023 年陕西质量变革创新十大典型案例"，还助力西安城墙入选"2023 年国家旅游科学技术示范园区"。我们对此深感自豪。

为了努力做好文化遗产数字化传承，从多维度展现西安城墙文化遗产价值及文化内涵，2023 年，工作人员联合碑林博物馆策划了"千年碑林上城墙"数字文物展，打造虚实融合的 MR 数字文物展示区，使游客对文物和历史文化的了解更加深入。

传统民俗与前沿科学技术相融的西安城墙"智慧灯会"吸引了不少游客。这里面，我们动了不少脑筋。我们与互联网公司以及清华大学合作，打造了多模态诗歌内容生成系统，实现了文化与现代技术的交融共创，开发了智能语音交互系统。游客们纷纷对此点赞。

在文化遗产数字资产应用方面，开发者与互联网公司合作，推动西安唐皇城墙含光门遗址博物馆以及西安中国书法艺术博物馆的数字资产衍生创造。此外，还推动了 IP 知识产权线上拍卖授权，创新 IP 衍生价值转化形式。

未来，我们还会持续在文化与科学技术融合发展方面不断探索，推动文保文旅产业数字化转型升级及景区治理能力的提升，为国内外城垣类遗址提供文化遗产数字化保护及文旅产业"活起来"的中国方案。

（三）乡村网络文化的发展趋势

随着互联网、电子商务的发展，村民的文化消费需求也在不断地发生着变化。一方面，数字手段推动传统文化商品的普及增加了村民的消费选择。通过短视频、直播平台和网上商城等，村民在家里就能买到书籍、乐器和音像制品等各种文化商品。这样的网上消费方式，既为村民获得文化资源提供了便利，又促进了乡村文化消费的个性化、多元化。另一方面，由于网络的便捷性，文化体验型消费正逐步兴起。比如，村民可以利用网络直播和短视频平台实时收看当地城区或者外地农村的文化活动，参加网上音乐会、戏剧演出或者文化讲座。这一新的文化消费模式，缩短了农村与城市的文化距离，刺激了村民对文化商品的需求以及消费欲望。与此同时，随着互联网的普及，越来越多的农村地区开始采用数字化营销方式来吸引更多的游客，从而催生了"文化+旅游"这一新的消费方式。同时，随着互联网的发展，乡村文化也由被动接受走向积极创新。越来越多的村民利用短视频平台展现自己家乡的特色，获得了广泛的关注。这样既能满足他们对文化表现的需要，又能达到提升经济效益的目标。这一趋势显示，农村地区的文化消费已由传统的线下购物方式向线上线下相结合的新方式转变。

网络文化在农村地区的兴起对村民文化素质的提高起着举足轻重的作用。借助网络，村民能更容易获得优质的教育资源与文化内涵，并开阔眼界、丰富知识储备、提升文化品位。首先，网络教学与文化应用程序为村民带来了大量学习机遇。许多村民通过在线课程学习实用技能，如农业技术、手工艺制作和电子商务运营等。在此基础上，村民还能从网络中获得文学、历史和艺术方面的知识，提高自身的文化素养。这种便利的学习方式既可降低入学门槛，又可实现农村教育资源的均衡。其次，网络文化有助于村民认识并继承优秀传统文化。比如，利用互联网，村民更容易地了解当地的历史、非物质文化遗产，也可以观看有关传统文化的录像或者参加一些线上活动。这样的交流，不但使村民对自身的文化认同有了更深的认识，也激发了他们对文化保护与传承的热情。同时，互联网文化也提高了村民的数字素养，提高了他们对信息的识别能力。在社会媒体、短视频平台、文化应用软件的运用中，村民逐步学会了识别资讯的真伪，了解网络礼仪，增强了文明上网、理性表达的能力。数字素养的提高，不但提高了村民的生活水平，而且营造了一个有利于农村社会管理的文化环境。

值得注意的是，互联网对农村人的精神生活也产生了巨大的影响。通过互联网平台进行线上讨论、创作和互动的村民数量在不断增加。他们可以对文化和社会问题发表自己的意见，从而产生参与感和归属感。这一变化说明，网络文化已不再仅仅是一种工具，而成为一种变革的力量，给乡村文化建设带来了新的生机。

三、乡村治理效能持续提升

（一）智慧管理系统的实施

在科学技术赋能乡村治理的实践中，推行智慧化管理体系是推进农村治理现代化的一个重要突破口[①]。大数据、信息化、智能化等技术为农村基层治理提供了有力的技术支持，在提升农村治理效能的同时，也增强了农村社会的稳定性与安全性。

将大数据技术引入农村基层治理中，将传统依靠人工的方式转变为基于数据的科学决策与高效率管理方式。首先，大数据为农村基层治理提供了精确的数据支撑。通过对人口、土地、资源、经济等多方面的信息进行整合，实现对各种资源的有效利用。比如，通过对土地利用状况的监控，管理者能够及时地发现违法用地和闲置的情况，从而为国土资源的合理配置和合理利用提供科学的依据。其次，大数据使得农村公共管理更加透明、更加有效。在部分试点地区，通过建立村务公开平台、信息共享机制，实现了对村级财务收支情况、扶贫项目进展情况的实时掌握。这样的信息披露机制既提高了村庄管理的透明度，又提高了村民的积极性，使政府和村民建立了良好的互

---

① 张文欣. 数字技术助力乡村振兴的挑战与对策 ［J］. 陕西农业科学，2024，70(10)：98-102.

动关系。再次，利用大数据技术对农村资源进行优化配置。比如，对农产品流通领域的信息进行实时分析，能够对供应链与市场进行动态调整，避免出现资源浪费、供需不平衡等问题。在此基础上，建立了一种基于大数据的农村社会发展模式，通过对农村社会资源的有效利用，不仅提高了乡村经济的运行效率，也改善了村民的生产生活条件。最后，大数据推动农村基层治理的精细化。比如，对流动人口进行动态监控，能够及时掌握其变化规律，为实现精准的社会保障与人口管理提供科学依据。以大数据为基础的精细管理模式，极大地提高了农村社会管理的科学性与精准性。

（二）数据驱动的乡村治理决策

1. 数据分析对农村经济、人口、资源管理的作用

数据分析是实现乡村治理科学化的重要手段，其核心作用在于通过多维度的数据整合和精准分析，为农村经济、人口和资源管理提供科学依据。

对乡村经济的治理而言，通过对乡村社会的调查可以实现资源的合理分配与经济结构的优化。比如，对农业生产的信息进行集成分析能够对农产品的产量、价格趋势以及市场需求的变化进行实时监控，进而引导农民进行种植结构的调整，防范市场风险。同时，通过对大数据的分析，可以更好地发掘乡村经济发展的潜能，为乡村振兴战略的制定提供决策依据。比如，一些区域根据土壤资料、气候条件、市场需求等，对适宜发展的特色农产品进行了准确的定位，进而推动了乡村经济的高质量发展。

通过数据分析的广泛应用，乡村治理由传统的经验型管理向精准化、科学化管理转变，为乡村经济、人口和资源的可持续发展奠定了坚实的基础。在人口管理方面，数据分析帮助乡村政府实时掌握人口分布和流动情况。例如，通过户籍数据、健康档案和流动人口登记系统的综合分析，可以及时了解农村人口的年龄结构、劳动人口比例以及流动趋势。这些信息不仅为劳动市场调控提供了支持，还为社会保障政策的制定提供了精准依据。此外，通过数据分析还可以发现特殊群体(如留守儿童、空巢老人等)的需求，便于开展针对性服务。

在资源管理方面，数据驱动下的土地、能源和水资源管理效率显著提升。例如，卫星遥感和地理信息系统的结合，可以动态监测土地利用状况，及时发现土地荒废或违规占用问题。同时，农业水资源管理系统通过实时采集和分析水文数据，优化灌溉方案，有效提升了水资源利用效率。

通过数据分析的广泛应用，乡村治理由传统的经验型管理向精准化、科学化管理转变，为乡村经济、人口和资源的可持续发展奠定了坚实的基础。

2. 智慧管理系统对乡村社会支持网络的强化

智慧管理系统作为"大数据驱动"乡村治理的一个重要载体，将各种数据资源与技术方法整合起来，强化了乡村社会支持网络的功能和作用①。该系统的核心特质是多主体共享、协作运行，提高了农村社区服务的效率，扩大了服务的覆盖范围。首先，智慧管理系统使农村公共服务效率得到明显提高。以健康服务为例，利用"智慧医疗"平台，村民不仅可以方便地预约、就诊、查询健康档案，还可以通过远程咨询等方式得到专业的治疗。这样既可以有效地缓解农村医疗资源匮乏的问题，又可以降低农民看病的花费和缩短农民看病的时间。与此同时，智慧教育也为农村地区的孩子们提供了优质的学习资源，缩小了城市和农村之间的教育信息差距。其次，智慧管理系统对农村的社会安全、脱贫起到了很大的推动作用。比如，将收入数据、家庭状况、行业支持政策等信息相结合，实现对贫困农民的精准识别并对其进行个性化帮扶。同时，该体系还可以对扶贫项目的执行情况进行动态跟踪，及时发现并解决存在的问题，增强了扶贫工作的透明度与公信力。再次，智慧管理系统加强了农村社会互动。以"智慧社区"为例，通过移动电话软件，村民可以参与社区事务、反馈意见、提出各种真实需求，从而提高了农村治理的参与度和互动性。这样既提高了农村居民的满意程度，又为农村和谐社会的建设提供了有利的条件。最后，智慧管理系统对突发事件的快速反应是一个亟须给予重视的问题。比如，在自然灾害、流行性传染疾病等突发事件中，智能调度系统可以对各种数据进行集成，对灾情进行实时的评估，并通过短信、

---

① 于倩，柳瑞琪. 乡村旅游智慧化助力乡村振兴的发展策略与实践案例分析 [J]. 山西农经，2024(21)：127-129.

社交媒体等多种途径对灾区居民进行预警和安全提示。这一高效率的应急响应机制使村民的生命和财产得到了有效的保护。

（三）村民社区的智能化互动

线上社区平台的建立和普及，极大地提高了村民之间资讯交流的效率与透明度。线上社区平台是村民获取信息和参与公共事务的一个重要途径。首先，线上社区平台为村民提供了一个方便快捷的途径，使他们能够更方便地获得自己需要的信息。在传统农村，信息的传递主要依靠口耳相传，不仅效率低而且极易失真。而在线上社区平台上，村民能得到重要的消息，如村务公告、农业生产动态、市场行情等。有些地方还推出了"农村综合服务"App，对农业政策、生产技术指导、天气预报等方面的内容进行了整合，使村民可以及时掌握农村发展的动态，避免因为信息滞后而错过了发展时机。其次，线上社区平台极大地促进了村民之间的信息分享和交互。村民可以利用社会功能进行生产经验交流，向邻居们寻求帮助，或者组织社区讨论会。这样的交流，不仅让村民之间更加亲近，而且更加紧密地团结在一起。比如，一些农村地区通过设立微信群、论坛、短视频、公众号等平台，使村民可以通过网络进行商品销售、寻找合作伙伴或开展生产互助活动，促进了农村经济与社会的融合发展。最后，线上社区平台的建立，提高了村民对社区事务的参与热情。部分平台还提供了网上投票和意见反馈等功能，使村民既能够在村务管理中进行决策，也可以就政务公开发表意见。这样既增强了村民的主人翁意识，又使村庄管理变得更透明、民主。

智慧化管理技术的引进，极大地改善了乡村社区活动的组织与执行模式。这一新的技术手段，不仅可以使传统的社区管理方式变得简单，而且可以提高社区服务的品质与效率。第一，智慧化管理可以有效地策划和执行社区活动。借助大数据、人工智能等手段，社区管理人员能够精准掌握村民的需要与喜好，并据此设计出更符合现实的活动计划。比如，在开展文化活动的时候，智能系统能够基于村民的年龄、兴趣爱好等信息，向村民推荐适宜的活动形式和内容，如为村民开展健康讲座、为青少年提供技能训练等。这样的精准服务不但增强了活动的参与性，更提高了村民对活动的满意度。第二，智慧科学技术对社区活动进行全程的管理支撑：从登记活动、预定场地到总结活动，村民都可以在网上进行。这种"一站式"的服务方式，不但给村民带来了极大的便利，同时也极大地减轻了社区行政人员的工作压力。比如，部分农村利用智能化的信息管理系统将信息录入工作线上，避免了传统手工录入过程中的误差，并保证村民能够按时参加活动。第三，智慧化服务对乡村文化活动的创新起到了很大的推动作用。比如，利用 AR/VR 技术，村民能身临其境地感受到当地的传统文化，也能进行"虚拟化"的旅行。这样既能充实社区的文化生活，又能提高村民对科学技术知识的认识与接纳程度。第四，智慧化管理既提高了社区的反应速度，也扩大了社区服务的覆盖面。利用智能化的监控与反馈机制，社区管理人员能对村民的需要做出迅速的反应。这样一种高效率的服务方式，既节约了时间，又提高了社会的公信力。

智慧农村社区交互是科学技术赋能乡村振兴的关键环节。线上社区平台为实现乡村互联互通提供了强大的支撑，智慧化的管理手段极大地提高了社区治理的效能与品质。科学技术与服务相结合，既提升了村民的参与感、幸福感，又为农村治理带来了新的活力。随着技术的不断发展，智能交互对乡村振兴的方方面面都会产生更加深刻的影响。

四、智慧绿色乡村建设步入新阶段

绿色科学技术作为现代农业发展的核心驱动力，在推动乡村振兴的过程中发挥了"中枢神经系统"的作用①。通过推广可持续农业技术和生态种植模式，绿色科学技术不仅提高了农业生产效率，还有效改善了农业生态环境，为智慧绿色乡村建设奠定了坚实的基础。

第一，生物技术在农业生态中的运用。生物技术的有效运用改变了传统农业对化肥、农药的依赖，推动了农业向"绿色化"方向发展。以生物肥料和生物农药为代表的绿色替代品，在降低化肥用量的同时，也能有效维持土

---

① 张静杰. 绿色发展理念助力乡村振兴研究［J］. 智慧农业导刊，2024，4(17)：165-168.

壤、水环境的平衡。利用微生物发酵法生产的生物肥，可以提高作物对养分的利用率，增强土壤的肥力和可持续性。而生物杀虫剂利用微生物及天然萃取液防治有害生物，可有效降低农产品质量及生态环境风险。另外，生物科学技术也推动了农产品的绿色化。利用基因编辑技术培育抗病、抗旱、高产的作物新品种，既能降低农药用量，又能满足市场对高品质农产品的要求。如在我国部分旱区推广耐旱、抗病小麦，大大降低了化肥的使用，促进了绿色农业模式的推广与普及。

第二，智能节水与精准灌溉技术。合理利用水资源对绿色农业发展具有重要意义，而推进智能化、精细化灌溉技术是一条新的途径。通过互联网、传感器等技术手段，对田间水分、气象、土壤等进行实时监测，并据此对灌溉方案进行优化。比如，以数据为基础建立的精确滴灌系统，能够实现对作物生长发育的精确调控，从而解决因过量灌溉导致的水资源浪费、土壤盐渍化等问题。

近几年来，我国部分试验区采用了智能化节水技术，并取得了明显的效果。例如，在我国北方干旱地区，采用滴灌、微喷技术等节水措施，效果明显优于常规的漫灌，节水率可达到38.6%以上。同时，该技术具有节能降耗、降低生产成本等优点，给农民带来了明显的经济效益。

第三，生态种植与循环农业。生态种植是一种以绿色科学技术为基础的农业生产模式，其核心是通过多种栽培模式和循环利用再生技术，有效地利用资源并保护环境。如浙江省运用的稻鱼共生、稻鸭共作等生态栽培方式，既能有效地利用土地资源，又能有效降低农药、化肥的使用。由于生态栽培方式具有良好的经济效益和生态效益，目前已经在全国范围内大面积推广。循环农业是指将农业废物转化为可再生资源，从而达到"零排放"的生产效果。比如，利用生物发酵技术将作物秸秆制成有机肥，将其加工成沼气发电或制造生物化肥等。这种工艺不仅降低了环境污染，而且实现了对资源的有效回收利用，为农业的可持续发展提供了有力的支持。

第四，农业碳减排技术的推广。绿色科学技术也是减少农业碳排放的主要途径。绿色科学技术可以有效地降低农产品的温室气体排放量，促进农产品与生态环境的和谐共处。比如，"零耕作"和"保护性耕作"等，可以通过减少耕地的翻耕次数来减少碳的流失。同时，农业机械装备的新型能源化，也为我国农业发展提供了一项新的思路。在此背景下，农业碳汇技术得到了迅速发展。比如，农村地区由于提高了森林覆盖率，改良了草地和种植吸碳植物，从而大大提高了对碳的吸收能力。这一举措不但可为全球气候变化问题提供对策，还可为农民带来经济利益（如通过碳排放交易获得补贴等）。

绿色科学技术在农业中的应用，是推动乡村振兴和生态文明建设的重要引擎。随着生物技术的推广、智能节水技术的应用、生态种植模式的创新以及碳减排技术的发展，农业生产向着更加高效、可持续和生态友好的方向迈进。今后，随着绿色科学技术的不断深入与推广，智慧绿色乡村一定会在农业现代化道路上越走越远，为乡村振兴提供源源不断的动力。

总的来说，科学技术赋能乡村振兴的实践结果表明，创新既是解决"三农"问题的主要驱动力，也是实现乡村全面振兴的关键措施，为我国乡村现代化发展描绘了崭新的蓝图。在农业领域，科学技术推动了生产方式的转变，从传统的劳作模式升级为机械化、数字化和智能化生产方式，显著提高了生产效率，优化了资源的科学配置。在农村治理方面，大数据、互联网、供应链和智慧管理系统的广泛应用，增强了农业治理的精准性和科学性，有效提高了社会治理效率，为构建和谐稳定的乡村社会提供了坚实的保障。同时，"互联网+"模式和电子商务平台的推广，不仅拓宽了农产品的销售渠道，还促进了乡村经济与城市市场的无缝对接，推动了城乡一体化发展。与此同时，科学技术赋能还赋予了乡村文化新的生命力。通过数字化和网络平台的支持，乡村传统文化得以更广泛传播并实现创新融合，使村民文化素养不断提升。智慧绿色乡村的建设，则在生态保护与经济发展的平衡中找到了新的路径，为实现可持续发展目标奠定了基础。总体而言，科学技术在乡村振兴中的广泛应用，为解决"三农"问题开辟了新的发展空间，为实现共同富裕和农业农村现代化提供了有力的支撑。

第四章　科学技术对乡村振兴产生的
　　　　 深远影响

　　科学技术作为农业生产过程中一种重要的驱动力量，在乡村振兴中发挥着重要作用。科学技术与农村发展的深度融合，使农业、农村、农民的生产方式和生活水平、管理体制均发生了深刻变化①。从提高农业生产率到优化乡村生态环境，从科学的资源分配再到现代化的乡村治理，科学技术赋能正全方位地塑造着乡村未来的发展模式。本章通过对科学技术对乡村振兴的多维度作用的系统性剖析，着重论述了科学技术对农业生产方式的改善、农村资源与生态环境的优化、农民的生活品质与社会结构的深刻变化。科学技术在提升农业生产率、增强竞争能力的同时，也在有效地整合城乡资源，促进农村经济和文化的创新性发展。同时，科学技术为农村治理带来了更多的可能性，使得农村治理更加智能化、精准化，是实现农村社会稳定、农村兴旺的重要保证。探讨科学技术对农业、农村、农民三大领域的深远影响，旨在揭示科学技术赋能乡村振兴的关键作用，以及其对乡村全面振兴和可持续发展的长远意义。

---

① 向鹏. 数字科学技术赋能乡村振兴［J］. 高科学技术与产业化，2022，28(12)：26-29.

第一节　科学技术对农业产生的影响

一、有助于提高农业生产效率

（一）精准农业技术的推广

1. 土壤、气候等数据的精准分析与应用

农业技术是以科学技术为手段对农业生产进行精细管理、高效使用，是现代农业发展的大势所趋。对土壤、气象等多源信息进行精细分析及应用，是实现精细农业管理的关键，直接关系到农业生产效率的提升和资源的优化配置。

首先，土壤数据的精准分析为科学种植提供了依据。传统的农业生产主要依靠农民过往的经验和农民肉眼可见的观测，其对土壤理化特性的认识很不足，会出现化肥施用不均匀，土地利用率低的客观情况。在精细化农业的基础上，综合运用传感器、遥感、地理信息系统等手段，对土壤结构、养分、pH 值等进行综合监测。其检验结果可为农民合理制定种植方案提供科学依据。比如，按照土壤肥力分布图，农民可以实施分区施肥，这不仅降低了生产成本，还避免了化肥的过量使用，对土壤健康和生态环境具有重要意义。其次，准确而又及时的气象观测分析是农业生产经营的重要保证。气象条件对作物的生长与收获有很大的影响，而传统农业在应对气候变化时往往会产生较大的滞后性。精准化农业是指通过气象站点、卫星监测以及大数据分析等技术，实现对降水、气温、风速等作物依赖的重要气象要素进行实时监测与预报。这些精准的预测数据有助于农民合理地进行播种、施肥、灌溉等生产作业。比如，利用气象预测对旱情进行预报可以提早进行节水灌溉，不会造成水资源的浪费。在洪涝灾害风险较高的地区，可采取相应的防灾减灾措施以降低灾害损失。再次，精准农业在实际中的运用表现为对土壤、气象资料的综合分析。精确耕作技术将土壤特性与气象条件相结合，可为农民提供

更为个性化的耕作指导。比如,一些抗旱作物适宜生长在土壤保水性不佳的地方,而高产作物则要求生长在肥沃且雨量充足的地方。这样的数据驱动决策能够显著提高农业生产效率,并减少资源浪费。最后,精准农业还利用现代化的智能装置实现了数据的可视化实时更新。农民可利用手机、农业管理平台等设备,及时获得土壤、气象等相关信息,并按照系统建议开展田间生产作业。无人机施药、自动收果农机装备的应用,为精准农业规划提供了有力的保障。比如,河南省的部分国家级高产农田试验田,利用无人机结合土壤、气象等信息可进行精准密度的农药喷洒,来实现对作物病虫害的精准控制,并最大限度地降低其对环境的污染。

综上所述,土壤和气候数据的精准分析与应用,不仅提升了农业生产效率,还改善了农业资源的利用方式,为实现可持续农业提供了重要支持。精准农业技术正以科学为依托,引领现代农业向着更加高效、绿色和智能的方向发展,为乡村振兴注入了强劲动力。

2. 农业机械化的精准控制与节约成本

通过采用精准控制农业技术,实现了农机作业的智能化、高效率化管理。例如,全球定位系统和地理信息系统的广泛应用,为农业机械的精准导航提供了基础支持。在实际的农业生产过程中,拖拉机、播种机、收割机、农药喷洒无人机等装备了精密的导航系统,能够准确地按照预先设定的路线和工作需求在田间进行作业。相对于传统的机器操作,精密的导航系统可有效降低重复播种、漏播种等现象,有效提高了田间工作效率。另外,将传感器与控制器相结合,还可实现农机操作参数的动态调节。比如,在施药过程中,装备有传感器的机械装置可实时监控地表植物密度及虫害分布,按需调节施药量及施药面积,避免"全田喷洒"。这样既可最大限度减少农药使用量,又可减少对环境的污染。

农机智能机械化作业的精确控制,使农机作业的直接费用大幅度下降。一方面,智能作业可减轻人工劳动强度从而节约人工费用。在传统的耕作、灌溉、施肥过程中,需要大量人工参与。而精确控制下的机械作业,既能让一人操控多个设备,也能让无人驾驶的机器独立进行作业,显著缓解了农村劳动力短缺问题，同时提升了生产效率。另外，精确调控技术可以提高资源的使用效率，减少化肥、作物种子、水资源等的浪费。如精确播种可依据土壤肥力及种子需要，对播种密度进行准确调控，既可保障作物生长空间，又可节省种子成本。同样，精确施肥装置也能依据土壤营养状况自动调节施肥量来避免因过度施肥而带来的经济损失和环境风险。

（二）智能农业设备的应用

物联网技术的出现给农业生产注入了新的活力，尤其是在实时监测与智能化管理领域，因此，物联网技术的广泛运用为农业生产带来了生产效率和精准化管理水平的明显提升。在党和政府的支持下，农业科学技术人员和乡村农民协同将传感器、无线网络、云计算等技术有机地融合在一起，实现了对农业生产过程中的数据进行采集、传输和分析，从而为科学的决策提供了有力的支撑①。例如，在种植过程中，利用物联网技术对土壤水分、温度、营养成分和二氧化碳含量进行实时监测。在此基础上，农民及相关人员可以通过手机、计算机等设备及时掌握农田动态，并采取相应的改善措施。比如，在干旱季节，根据监测到的土壤水分信息就能自动启动滴灌装置，达到精确灌溉的目的。同时，物联网在农业生产中也得到了广泛的应用。物联网技术还应用于病虫害的监测与预警。利用摄像头和害虫诱捕装置，物联网设备能够实时捕捉害虫的活动情况，并结合人工智能技术对捕捉到的害虫图像进行识别和分类。当出现类似异常状况时，物联网设备可自动产生报警信息并将其传送到管理人员的终端，从而有效地降低传统方法的盲目性与滞后性。在畜牧业中，物联网技术也有很大的应用前景。在我国幅员辽阔的内蒙古地区，为了监测饲养环境及动物的健康状况，很多养殖场都配备有温度、湿度传感器和动物健康监测项圈。比如，通过对牛、羊的体温和心率等数据的监控，农民能及早察觉到疫病的预兆并采取相应的干预措施，有效地阻止了疫病的蔓延，提高了养殖业的效益。

---

① 陈旭. 泗县：机制体制激活力　科学技术强农促振兴 [J]. 安徽科学技术，2022(12)：24-25.

农机机械智能控制技术是传统农机与信息技术和自动化技术相结合的产物，使农机由"机械化"向"智能化"迈进，成为现代农业发展的一项重大革新。在农业生产过程中，该技术可以实现多种操作的自动化，从而降低工人的劳动强度，极大地提高了生产效率和作业精准度。在播种阶段，智能播种器能够根据田地的土质、地势等条件，自动调节播种深度、播种密度、播种速度等。这不但提高了种子的使用效率，还可以有效地防止种子的浪费以及播种不均匀的现象。在作物收获阶段，配备传感器和数据分析系统的智能收割机，可以实时测量收获的产量和质量，同时将这些数据上传到云端，为后续的种植规划提供参考。另外，将智能控制技术应用于温室农业也是一项十分重要的研究课题。智能温室采用全自动温度控制装置及光照调节系统，能够保持作物生长的最佳环境条件。同时，温室内的作业机械也可通过智能控制完成精细的施肥和灌溉操作，进一步提高了作物的产量和品质。

（三）农业自动化生产流程

1. 无人机、自动驾驶设备的技术进展

农业机械自动化生产过程的推进依赖于各种先进科学技术的运用，其中无人机、自动驾驶设备在这一过程中贡献了中坚力量。在人工智能和自动化技术等取得突破性进展的背景下，无人机、自动驾驶设备等已成为现代农业生产不可缺少的重要工具。新技术的出现，使传统农业生产过程得到了极大的简化，同时也极大地提高了生产效率和作业精度。目前，无人机技术在农业领域的应用主要有实时监测、科学施肥、精准化农药喷洒等。例如，在田间管理方面，无人机可以实现大范围、高精度的空中航拍，并利用图像识别技术对作物的生长情况进行分析，从而实现对作物病虫害、水资源短缺等方面的快速监测。同时，利用无人机对有问题的区域进行精确定位，并对其进行精确的施肥或喷洒，以降低农药、肥料用量，减少对环境的污染。与无人机类似的无人驾驶设备在耕种、播种、施肥和收割方面也做得很好。在此基础上，基于GPS导航系统和人工智能算法，通过准确规划无人值守下的农机作业路线，来实现高效率的作业。这样既可降低农民的劳动强度，又可降低

因人为因素而造成的资源浪费与操作偏差。比如,在播种阶段采用无人驾驶的排种器,保证了种子的均匀分布,提高了出秧率,进而提高了产量。近几年来,越来越多的智能化农机投入应用。如部分无人收获机可依据收割过程中的实时信息,对操作参数进行动态调节来达到更为精细的收获操作。同时,也为农业的智能化和自动化发展打下了良好的基础。

2. 农业自动化的普及和典型案例

随着技术成本的下降和推广力度的加大,农业自动化设备在全球范围内的普及率迅速提升。在发达国家(如美国和欧洲),无人机和自动驾驶设备的使用已经覆盖了大部分大型农场。而在发展中国家,政府和企业通过技术培训、补贴等方式加速农业自动化的推广,使得中小型农民也能享受到技术红利。

重庆日报报道了农业农村部公布的2024年智慧农业建设的85个典型案例。重庆的"重庆市'农品慧'平台解决方案""重庆市长寿区伏羲农场智能农机解决方案""重庆市亘森电子科学技术智能赶/拦鱼解决方案""重庆市马上消费'富慧养'智慧养殖共同富裕解决方案"4个案例榜上有名。

"重庆市'农品慧'平台解决方案",主要利用移动互联网、图像识别、人工智能和大数据模型等互联网技术,为农产品流通环节中农产品购销双方提供在线需求发布、在线采购管理、在线订单管理、在线付款结算、在线开具发票、在线融资申请等服务。该方案精准对接供需,助力农产品销售,农产品购销双方可在线上发布供货和需求信息,系统自动通过大数据识别分析进行供需智能匹配和推送。集成办税功能打通平台与电子税务局数据通道,提供用户注册、人脸识别、代开发票等功能。实现源头追溯,将电子生产合格证和流通合格证贯穿于农产品生产、运输、销售等环节,实现农产品"从农田到餐桌"全过程可追溯管理。数据共享自上线以来,为农民节省办税时间约12万小时、节约办税成本约100万元,减免税费约1.2亿元。截至2024年3月31日,平台交易规模突破29.21亿元,注册农民19773户,帮助农企农民融资7356.9万元。

"重庆市长寿区伏羲农场智能农机解决方案"是西南地区首个丘陵地貌智

能农机创新平台，集丘陵地貌智能农机创新平台、数字农田伏羲系统、农业大数据平台控制中心及联合人才培养等功能于一体。伏羲农场主要包括"伏羲"数字农田示范区展示中心和智慧农业种植基地等。此外，伏羲农场还致力于农业大数据平台的搭建。通过收集和分析大量农业数据，农场能够更准确地了解土壤、气候、作物生长等各方面的信息，从而制定出更科学的种植方案和管理策略。这不仅提高了农场的生产效益，也为当地农业的发展提供了有力的数据支持。

"重庆市亘森电子科学技术智能赶/拦鱼解决方案"采用作业安全、耗电少、对鱼类无任何伤害的小电流低频直流脉冲电场来防止鱼类逃跑或将鱼群驱赶、引导至安全水域或渔网中。解决了湖泊、水库生态养殖的定投与定捕难题，是湖泊、水库渔业养殖、增益和维持水生态平衡的重要保障措施。通过水域场控装备的使用，在科学管理渔业生产环节上，增产、提质和增效，为用户创造经济价值。建立环保、优质的养殖模式和技术体系，推进我国湖泊、水库的渔业生态养殖，促进水产养殖向规模化、数智化转变，实现渔业食品安全的可管理性、可监督性。

"重庆市马上消费'富慧养'智慧养殖共同富裕解决方案"构建了具备生产管理、溯源管理、营销推广等功能模块的多端智慧养殖平台，支撑养殖过程中的称重、计数、体温和环境监测等多场景应用，实现养殖—溯源—销售—金融全链条服务贯通和智能化赋能，解决散养鸡行业规模化管理痛点，提高散养鸡行业效率以及健康生态养殖水平。平台通过人工智能大模型技术在智慧养殖上的应用，对畜禽饲养环境、饲料消耗、生长速度、健康状况等数据进行采集、分析，实现智慧养殖，降低疾病发生概率，减少能源消耗、资源浪费，扩大养殖户营销渠道等，帮助养殖户增收致富。截至 2023 年 12 月底，该项目已落地赋能渝北、城口、垫江、石柱等 10 个地区的部分养殖户，直接带动就业人数 100 余人。

此次评选旨在推动数智技术与农业现代化深度融合，扎实推进智慧农业发展，加快形成农业新质生产力。重庆市农业农村委员会相关负责人介绍，接下来，重庆将以数字化、网络化、智能化赋能乡村全面振兴，把数智技术创新成果转化为现实生产力，开创智慧农业发展的新局面，为推进乡村全面振兴、加快建设农业强国做出新贡献。

二、有助于为农业发展提供机遇

（一）生物技术的创新

生物技术的创新是农业发展的重大契机，而优良品种培育与基因改良工程是提高农业生产效率和保障粮食安全的核心途径。利用基因工程和分子育种等有效的生物技术手段，科学家可以精准识别作物基因组中与产量、品质、抗病性相关的基因，从而有针对性地改良作物品种，满足现代农业的多样化需求。在优良品种的选择上，传统的育种手段主要依靠多年的田间实验与杂交，而利用基因改良可以极大地缩短育种周期。利用 CRISPR-Cas9 等基因治疗法，研究者可以对作物的目标基因进行精确修改，从而培育出高产、优质的新品种。比如，近年来我国成功培育出抗病高产的小麦、优质水稻以及耐旱耐盐的玉米。这些新品种不但使单位面积产量增加，而且品质也有很大的提高。此外，基因改良技术使作物在应对气候变化时更具适应能力。比如，在对水稻基因组进行分析的基础上，我们已经找到了一批耐寒、耐旱的基因，并将这些基因导入水稻主要栽培品种中，使之可以在昼夜温差较大的环境中正常生长。受全球气候变暖等客观因素的影响、在干旱等极端天气频发的情况下，基因改良技术的突破将为我国粮食食品安全提供重要保障。

基因改良技术的另一个应用方向是提升作物的实际应用价值。例如，很多人爱吃西红柿：有人喜欢切片蘸糖凉拌，有人喜欢西红柿炒蛋。市场上能买到的西红柿有好几个品种，样子也不同：有的又大又甜，有的又小又酸，还长得歪瓜裂枣的。既然都是西红柿，为什么它们有那么大的区别呢？这些差异源于西红柿不同的基因调控。基因就像一本教科书，告诉西红柿应该怎么长。西红柿不是生来就注定被人类吃掉，它们的基因教科书自然不会教它们怎样更容易地被人吃掉。西红柿的先祖不长这样，它们现在的样子得益于人类数百年来的培育。人工育种时常会遇到这样一个的哲学问题：为什么把几个好品种一起培育的时候，反而出现了一些不好的后代，而好的品种和不好的品种杂交的后代却更好？造成这个问题的主要原因是：在基因重组时，往往会丢失掉一些已经"写好的段落"，换上一些不好的。所以科学家选择用CRISPR 来解决好片段丢失，而导致西红柿口味不佳的问题，这种技术就像基因"教科书"上的"修正带"和"荧光笔"，可以有目地修改和编辑基因。基因"教科书"上的有些段落写得不好，就可以用"修正带"去掉错误内容，甚至在原来段落上加上更好的内容，从而得到更好的西红柿品种(见图4-1)。

图 4-1

CRISPR-Cas9 还能够通过控制西红柿的其他基因，在不影响果实本身的基础上，让西红柿长得更好，正所谓"醉翁之意不在酒"，如修改西红柿的分支和开花数量，可把营养集中于更少的西红柿果实上，让它们变得更美味。修改西红柿柄的形状和枝节的牢固程度，可让西红柿在枝头上挂得时间更长。修改西红柿开花和结果的周期，让西红柿在中高纬度等寒冷的地方也能很快成熟。随着科学家对西红柿基因的理解越来越深入，CRISPR-Cas9 作为"修正带"和"荧光笔"可更好地注释这本基因"教科书"，推出更新版的"教科书"。

面对自然环境的不确定性，生物科学技术在培育抗逆性作物方面展现出巨大潜力。抗逆性作物是指在干旱、盐碱、低温、高温等逆境条件下仍能正常生长和发展的一类作物。近年来，随着生物技术的发展，我国粮食生产规模日益扩大，粮食生产得到了极大的支持。在干旱区，研究开发抗旱作物显得特别关键。在传统农业中，缺水是限制粮食产量的重要因素，利用转基因、基因编辑等技术手段可以引入一些增强作物保水能力或提高水分利用效率的基因。比如，科学家们已经通过对玉米基因的表达方式进行改良，获得了在降雨偏少的情况下仍能保持高产量的抗旱玉米。在旱区大力推广抗旱新品种，既可增加旱区粮食生产，又可为合理利用水资源提供技术支撑。开发和利用盐碱地是我国农业发展的一项主要任务。在很多地方由于土壤盐碱量高导致作物很难生长良好。但是利用生物工程等手段，我们可以把抗盐碱相关的基因导入作物中，从而达到耐高盐碱的目的。比如，我国一些滨海地区已经开始大面积种植耐盐碱性水稻，这样既能提高盐碱地的利用效率，又能有解决解耕地资源紧缺的问题。培育抗逆性作物是我国农业发展的重要保证。传统的化学农药使用虽然能够防治病虫害，但长期使用势必造成生态环境的污染，影响物种多样性。而利用生物科学技术的各种干预手段，则可获得自然抗病的作物品种。以转基因抗虫棉为代表的转基因棉花，其抗虫效果良好，既可降低杀虫剂的使用量又可改善棉花品质。这一基因工程的推广对现代农业的可持续发展起到了示范作用。

培育优良品种、培育抗逆性作物是提高农业生产力的重要途径。生物技术对保障食品安全、减少资源浪费、减轻生态压力具有重要意义，为农业发展开辟了崭新的途径①。同时，随着技术的不断成熟，生物科学技术还将深入应用于更多作物品种的改良和环境优化中，为乡村振兴、农业现代化建设提供强有力的支持。未来，通过进一步加强基础研究和技术推广，生物科学技术将在农业领域释放更大的潜力。通过政策支持、科研投入、国际合作等多方面的协同推进，我国农业生物技术创新对保障国家食品安全、乡村振兴具有重要意义。

（二）绿色农业的技术发展

绿色农业以减少资源消耗、减少环境污染、促进农业与生态协调发展为

---

① 陈艳梅，李雪妍，张小燕. 科学技术转型共享智能新机遇 ［J］. 企业管理，2022（12）：49-52.

目的，以促进农业可持续发展为核心。近年来，在低消耗、环境友好的种植方式和生产加工等领域，科学技术的发展对农业生产方式的转变和升级起到了重要的促进作用。低成本栽培技术的核心问题是如何有效地利用资源以避免不必要的浪费。比如，利用精细农业技术对土壤湿度、肥力、作物需水量等进行实时监测，实现精确施肥、灌溉与管理。滴灌、微喷灌等技术在农业生产中的广泛应用，不仅减少了水资源的浪费，还降低了灌溉带来的土壤侵蚀和养分流失。同时，采用缓释肥与控释肥技术可有效地调控化肥的释放速率，提高作物的化肥吸收速率，减少化肥施用所带来的环境污染。而环境保护栽培技术注重减少农药、化肥等化学物质的使用，促使农业生产朝着生态友好的方向发展。比如，某些高毒的化学杀虫剂已逐渐被生物杀虫剂所替代。利用微生物菌剂既能有效防治病虫害，又能保持土壤中的益菌区系，达到维护农田生态系统平衡的目的。另外，采用间套作物栽培还可发挥作物之间的协同效应，例如，在寄主上种植驱避剂，可降低害虫对寄主的危害。这样不仅减少了杀虫剂的用量，而且开辟了一条新的绿色农业发展道路。在农业生产方面，开发节能减排技术是实现绿色农业的重要保证。在农机方面，研究开发和推广新能源农机装备可以明显减少温室气体排放。采用太阳能抽水、风力发电灌溉等新型能源装备，既可提高能源利用率，又可减少对常规矿物能源的依赖，助力实现农产品加工过程的低碳化、洁净化。

在我国，推广与示范绿色农业技术是一项十分重要的工作，使我国的绿色农业技术得到迅速推广，为建立新型的现代农业模式提供了技术保证。在此基础上，提出了一种农业科学技术创新模式——绿色农业园区，推广绿色农业的理念。比如，近几年国家建立了一批以"生态种养"为主体的农业园区，并在此基础上发展了一些新兴的农业科学技术（如有机农业、无土栽培等），使周围的农民实现了农业的转型。在这些园区，科学技术工作者们走进农田、指导农民作业并结合当地的实际情况对种植技术进行了优化，为基层的绿色农业发展发挥了积极的作用。

科学技术下乡也是推广绿色农业技术的一种重要方式。在此过程中，农业技术人员和技术队伍采用现场讲解、技术示范、发放技术资料等方式，把复杂的绿色农业技术转变成简单易懂的操作手册，便于农民迅速掌握并根据实际情况合理使用。比如，绿色农药、绿色化肥、节水灌溉设备的使用方法等就是在这样的活动中得到传播的。在"互联网+农业"的背景下，网络直播、视频教学等方式也是一种新型的农业科学技术传播方式，帮助广大农民实现了跨区域、跨时空的学习。

此外，政策和市场的引导作用也对绿色农业技术的推广起到了重要作用。党和政府对农民采取了补贴和激励等措施。如在"稻鱼共生"技术示范区，政府对农民进行生态水稻种植补助，极大地激发了农民参与新技术种植的热情。同时，由于消费者对绿色、有机农产品的需求不断增长，绿色农业科学技术的普及得到了市场方面的直接推动。有些地方已经通过创建"绿色农产品"品牌，达到了"农业效益"与"生态效益"双"丰收"的目的，推动了"绿色农业"科学技术的可持续发展。

（三）市场需求与农业创新的互动

随着市场经济的深入发展，消费者对农业产品的需求从量的满足逐渐转向质的追求。差异化和品牌化的农业产品发展成为新时代农业竞争力的重要体现。市场需求的变化直接推动了农业创新，科学技术成为实现差异化和品牌化的关键力量。

农产品差异化的实质就是运用科学技术来发掘地方特色资源，从而发展地方独有的优势产品。如在种植业方面，利用遗传分析、分子育种等手段，培育出抗病能力强、品质好、产量高的特色作物新品种。在果蔬种植方面，我国的湖南、广西等地运用精确种植技术，针对不同区域的气候、土壤等条件培育出了阳光玫瑰、褚橙等区域特色农产品。这些产品因其独特的品质占据了广阔的市场。同时，企业的品牌建设也需要技术的支撑。利用可追溯体系、区块链等技术，对农产品的生产全过程进行全面的记载与展示，让消费者清楚地知道其产地及品质保证。在"互联网+"的背景下，农民和商家可以借助电子商务平台建立自己的商品品牌。"网络原产地认证"就是一个很好的例子，可以让当地的农产品顺利进入高档市场。另外，随着包装设计与加工工艺的不断发展，农产品以更加高端的姿态出现在市场上，如速食燕麦、冷链运输的鲜花果冻等产品，在提高产品附加值的同时，也能丰富品牌的内涵。

日益多样化的市场需求特点推动了农产品品种的不断创新。在科学技术创新的推动下，农产品由单一的食品加工向功能食品、保健品、生态食品等多方面拓展。第一，功能性食品的开发是多元化发展的重要方向。利用生物工程与食品科学技术，农民可以培育富硒稻米、抗氧化能力较强的蓝莓等。这样既能满足人们对保健食品的需求，又能有效地提高农产品的市场竞争力。在动物养殖领域，利用基因工程等手段可以获得不饱和脂肪酸高含量的鸡蛋或低脂牛奶，为多样化的食品市场开辟了新的途径。第二，生态友好型产品的兴起则得益于绿色技术的发展。通过降低化肥的使用量优化栽培方式，生产出无公害或有机农产品成为一大趋势。通过对各种天然资源进行整合，如把农业废料加工成生态有机肥料、饲料等，达到农业和环境保护的协调发展。部分区域已发展出一套独具特色的"稻作一体"的生态循环农业，即蟹等水生生物与稻作共生，形成一种"互利共赢"的健康生态循环农业。这一模式不但提高了单位面积的经济效益，而且创造了新的农产品培育方式。第三，农业加工技术的提升显著扩展了产品形态。通过现代加工设备和技术，传统作物得以加工为具有高附加值的产品。利用现代化的加工装备和工艺，我国的粮食作物得以成为高附加值的农产品。比如，在东北地区通过对普通玉米进行深加工生产出玉米多肽营养粉、玉米胚芽油等，极大地提高了市场的吸引力。采用冷冻、真空包装、脱水等工艺也可以使食品的保质期更长，从而更好地适应现代生活的需要。

市场需求变化和农业技术创新相互促进，是现代农业转型升级的重要动力。随着市场需求的变化，农业技术创新的方向越来越明确，科学技术技术手段可以集中运用到满足消费者需求的重点领域。农业技术上的突破也给市场带来了更多的可能性和新的消费需求。如人工合成蛋白质、细胞培养肉类等新技术的应用，不仅给消费者提供了一种绿色、健康的饮食方式，还打开了农业生产模式变革的新局面。产业链的延伸和完善同样也是良性互动的集中表现。通过将生产、加工、流通、销售等各个环节有机地结合在一起，以科学技术赋能农业，从而提升整个产业链的价值。部分地区还利用智能供应链管理系统，对生产和消费进行实时调节，降低农业生产的盲目性，从而有效增加农民收入。从市场需求反馈来看，科学技术研究更多地与现实联系在一起，促进农产品的创新和多元化。在未来，随着消费者的健康、环保意识的不断提升，市场需求将会持续引领农业革新。科学技术是推动农产品差异化、多样化发展的重要力量，其作用日益突出。通过技术和市场的深度结合，我国农业产业不断升级并实现了可持续发展，为乡村振兴注入了更多的活力。

第二节　科学技术对农村产生的影响

一、有助于优化农村生态环境

（一）污染防治技术

科学技术在农村污染防治中扮演着"技术员"的角色，为改善生态环境提供了有效路径。针对农业生产和农村生活中的主要污染源，如农业面源污染和生活垃圾处理，科学技术创新通过技术研发和措施推广，为营造清洁、健康的农村生态环境奠定了基础。

1. 农业面源污染治理技术

农业面源污染是农村地区最常见的污染类型，其主要来源是施用农药、化肥和畜禽养殖废弃物的随意排放。在传统农业模式下，大量施用农药、化肥会直接造成土壤质量下降、水体污染、生物多样性丧失及人体健康受损等问题。近几年来，随着农业科学技术的不断进步，农村面源污染的治理取得了长足的进步。

精确施肥是实现化肥减量的重要途径。通过遥感监测、土壤监测、大数据分析等技术，农民可准确掌握土壤营养状况，并据此制定合理的施肥方案。这种精准施肥技术避免了肥料的浪费，减少了化学成分进入水体的风险。例如，用缓效肥、微生物肥代替传统化肥，不但减少了化肥的使用量，而且提高了作物的产量与品质。

农药减量化技术对减少作物土壤污染也起着重要作用。生物杀虫剂及绿色防控技术正逐步取代传统的化学杀虫剂。生物农药是利用微生物、昆虫和植物提取液来控制害虫数量，减少化学农药带来的环境污染。同时，智能施药装备及无人机施药技术的推广可提高农药利用率，实现定点防治，从源头上控制农药污染扩散。

针对畜禽养殖废弃物，废弃物资源化利用技术成为解决问题的关键。利用沼气发酵、粪便污水集中处理及有机肥生产等技术，实现了畜禽废弃物的高效利用。比如，集中式粪便处理设施可以实现畜禽粪便无害化处理并将其转化为清洁能源，为农村居民提供生活能源，从而达到"变废为宝"的目的。

2. 环境保护措施的创新与推广

除治理农业面源污染外，还需从技术与政策两个方面协同提升农村环境保护的整体水平。近几年来，多项创新技术和推广措施在农村生态环境改善中展现出巨大潜力。

水环境保护技术是农村生态治理的重要组成部分。为了解决乡村的河流、湖泊以及地下水的污染问题，科学家们已经研发出各种各样的水处理技术。如建立人工湿地系统，通过植物—土壤—微生物协同净化农田径流及生活污水，从而形成天然的净化屏障。近年来，微生物修复技术在水体中的应用越来越广泛，其主要原因是投入特定微生物对水体中有机污染物进行绿色生物降解，从而增强了水体的自我净化能力。农村生活垃圾的处理技术也在不断完善。随着人们生活水平的不断提高，农村生活垃圾不断增多，给环境带来了巨大的现实压力。垃圾分类与资源化技术已成为目前环境治理的重点。许多地区通过推行垃圾分类来增强村民的环保意识，促进了生活垃圾减量化、资源化。另外，有机废弃物经生物处理后制成堆肥，可为农业生产提供优质的土壤改良剂。推广清洁能源是实现污染治理和生态保护双赢的重要途径。农村地区传统燃煤能源发电是大气污染的重要来源，而利用太阳能、风能、生物质等清洁能源可有效缓解该问题。例如，农村地区广泛使用的风能、太阳能光伏发电装置，不仅减少了对化石能源的依赖，而且为村民提供了清洁稳定的能源供应。另外，生物质能技术还可以实现农业废弃物的再循环利用，建立能源生产和生态保护之间的良性循环。以科学技术创新为基础大力推广生态农业模式，对环保工作起到推动作用。如稻田养鱼、林间套作等，可利用生物多样性的协同效应，达到减施化肥、提高土地利用率的目的。生态农业模式在降低农业生产对环境的负面影响的同时，也提高了乡村生态系统的稳定性与可持续发展能力。

（二）清洁能源技术

近几年来，我国农村的能源结构发生了明显的变化。以往农村居民的生活能源主要依靠传统燃料，如煤和薪柴。这些能源不仅利用率低，而且对大气环境造成了严重的污染，同时也对森林资源造成了严重的破坏。随着清洁能源技术的普及，生物质能、太阳能、风能等正逐渐进入农村家庭及农业生产领域，成为一种重要的替代能源。生物质能作为一种可再生能源，以作物秸秆、畜禽粪便等废弃物为原料，利用了沼气发酵及直接燃烧技术，已在我国农村地区广泛应用。同时，太阳能热水器、小风力发电机等设备也逐渐被农村家庭所接受。这些新技术既能满足农民对能源的需求，又能有效降低农村环境污染、减少资源浪费。

2024年，国家发展改革委等多部门组织开展"千乡万村驭风行动"，再度为新能源"下乡"带来利好。我国农村地区风能、太阳能等资源丰富，相关部门打出政策"组合拳"，部署"十四五"期间因地制宜加快推动分散式风电、分布式光伏发电开发，除了推动100个左右的县、10000个左右的行政村乡村风电开发，还将组织实施"千家万户沐光行动"，建成1000个左右的光伏示范村。业内人士指出，这一系列行动将开辟新能源发展新的增长极，推动农村能源革命，助力乡村振兴。在广阔的发展空间中，新能源"下乡"如何稳妥有序推进实施，仍需要政策规范、多方联动。

户用光伏、零碳供暖、绿电储能等在河南省开封市兰考县，正勾勒出未来"零碳村庄"新图景。国家电投中国电能成套设备有限公司有关负责人讲述，截至2024年3月底，兰考县已安装屋顶光伏8000户，并网超过16万千瓦,其中已有超过4500家农民获得光伏发电收益。付楼村零碳电厂已接入村级配电网,以屋顶光伏发出的绿电结合用户侧储能,为居民用电、村内小商超和农产品加工厂等多种场景提供服务。该项目配套的公共充电站和农村能源革命研学基地等创收项目,每年可为村集体增加10万多元的收入。

推动农村能源革命、助力实现乡村振兴,新能源成为重要抓手、重要载体。《"十四五"可再生能源发展规划》提出,扩大乡村可再生能源的综合利用,实施"千乡万村驭风行动""千家万户沐光行动"。随着《关于组织开展"千乡万村驭风行动"的通知》的下发,风电"下乡"正式开启。按照部署,"十四五"期间,在具备条件的县(市、区、旗)域农村地区,以村为单位,建成一批就地就近开发利用的风电项目,原则上每个行政村不超过20兆瓦,探索形成"村企合作"的风电投资建设新模式和"共建共享"的收益分配新机制,推动构建"村里有风电、集体增收益、村民得实惠"的风电开发利用新格局。

"开展'千乡万村驭风行动'将开辟风电发展新的增长极。"国家能源局新能源和可再生能源司有关负责人指出,当前我国风电以"三北"地区规模化开发为主,随着低风速发电技术逐步成熟,中东南部地区就地就近开发风电日益具备可行性和经济性。如,每年选择具备条件的1000个村进行试点开发,按每村装机2万千瓦测算,年可新增风电装机2000万千瓦,新增投资约1000亿元,既能为风电发展打开新的市场空间,也能更好发挥促发展、扩投资、稳增长的作用。

风电下乡的同时,分布式光伏发电开发也十分火热。国家能源局数据显示,2023年分布式光伏新增并网容量9628.6万千瓦,其中户用光伏装机达到4348.3万千瓦,再创历史新高。截至2023年底,我国户用光伏累计装机规模突破1.1亿千瓦。

(三)生态农业模式

1. 生物多样性维护技术

生物多样性是维持生态系统稳定和农业生产所需的物质基础。传统的种植方式单一且化肥、农药使用过度，使得农田中的动植物物种锐减，土壤肥力下降、水源污染等问题日益突出。因此，维持生物多样性就成了我国发展生态农业的一项重要内容。我们应该把握科学技术手段在维持生物多样性方面的具体运用。①生态栽培技术：通过合理地使用间作、轮作、套种等技术，使各作物之间的互作关系得到最大限度的发挥。比如，田间套作可以提高土壤中的氮元素含量，为其他作物提供自然营养，从而降低肥料的用量。②对有益生物进行保护和利用：采用生物防治技术，实现对有益生物的有效保护与利用，以达到降低农药用量、提高农田生态系统稳定性的目的。③基因库的构建：利用生物工程技术对作物种质进行系统性保护与优化，构建农业基因库，为我国农业发展提供高质量的种质支撑。这些新技术的出现，不但增强了农产品的抗逆能力，同时也为应对气候变化、虫害等问题提供了新的思路。

2. 循环经济与废弃物处理技术

在农村生产生活过程中会产生大量作物秸秆、畜禽排泄物、生活垃圾等废物。若处置不当将导致水体富营养化和大气、土壤污染等一系列问题。传统的秸秆焚烧方法既造成了资源浪费又造成了严重的空气污染，而且随意堆放还会对水源造成污染。要解决上述问题，必须依靠科学技术手段走可持续发展的循环经济道路。①生物质能的开发：以生物质能为原料，将秸秆、家畜排泄物等转化为生物质，既可减少对环境的污染，又可为乡村地区提供廉价、可再生的洁净能源。如沼气工程的实施，不仅使畜禽粪污无害化，而且可以将沼渣和沼液作为高质量的有机肥。②农用废物资源化：秸秆破碎后还田，可有效改良土壤结构，增加土壤有机质。另外，我国部分地区也在大力推行"秸秆制肥"，把秸秆和其他有机垃圾混合发酵来制造"生物有机肥"，大大减少了农业生产中的化肥用量。③有机污水治理：采用人工湿地与生物处理相结合的方法，对我国农村养殖及农田灌溉污水进行了有效的治理。该技术可通过植物及微生物对污水进行净化，减少污水中有害成分的含量，实现水资源的循环利用。

二、有助于促进城乡资源配置

（一）城乡共享资源平台的建设

科学技术资源下乡是实现城乡资源均衡配置的核心环节。近年来，随着科学技术特殊人才下乡引进制度的实施，更多的农业专家走进乡村为农民提供科学技术服务。科学技术特派员不但参加农技推广工作，而且与农民密切联系，根据当地实际情况为农村农业发展提供了有力的支持。比如，现代农业技术的推广、病虫害的防治，都离不开科学技术人员的直接参与。要使高校科研资源共建共享机制发挥更积极的作用，离不开党和政府的大力支持。政府可通过补贴和奖励等手段鼓励科学技术资源流向乡村。同时，农村基础设施的完善也为农村科学技术资源下乡创造了物质基础。此外，人才培养也是共建机制的重要一环，通过与高校的合作可使更多懂技术、可实践的优秀农业专项人才进入农村。

（二）农村经济结构的优化

科学技术创新是我国乡村经济发展的重要引擎，尤其在推动产业多样化方面起到了关键作用。传统的乡村经济以种植、养殖为主体，呈现出结构单一、附加值不高的特点。首先，现代科学技术支持特色农业的规模化和精细化发展。比如，利用大数据、人工智能等技术来筛选、优化作物的品种。在对农业需求、气候、土壤特征进行分析的基础上，对农民种植方式进行合理的结构调整，降低因盲目种植而带来的经济损失。在科学技术的推动下，以特色果蔬、花卉园艺为主的高附加值农业逐步成为农村经济发展的一项重要内容。其次，科学技术对第二和第三产业的发展起到了积极作用。一方面，农村加工产业逐步壮大。通过引入智能化设备和技术，农产品加工的效率和质量得以提升，初级农产品的附加值显著提升。另一方面，第三产业(如旅游业和创意产业园区)也在科学技术的帮助下迅速发展起来。比如，乡村旅游利用虚拟现实、增强现实等技术，营造出一种身临其境的体验。网络农业直播可以使农民与消费者直接接触。这些新兴产业的兴起，不仅扩展了农村经济的领域，也为乡村劳动力提供了更多就业机会。

科学技术对乡村生活环境的优化配置也起着至关重要的作用。传统乡村基础设施薄弱、资源利用效率低下、环境治理能力薄弱，而科学技术手段为其提供了突破口。在水资源管理上，通过引进智能灌溉、雨水收集系统等技术，提高了农村水资源的利用效率。利用传感与遥控技术，农民可精确地进行作物灌溉，既不会造成水资源浪费又能降低对土地的损害。这种高效的节水模式，在提高农业生产力的同时又能保证农村的生活用水。从能源管理角度看，科学技术的发展促进了农村清洁能源的推行。比如，大规模采用太阳能光伏发电，使边远地区实现电力自给，降低了传统的矿物燃料消耗。以风力和生物质能为代表的新能源技术在我国的广泛应用，使我国农村能源结构发生了根本性的变化。新能源的使用减少了农民的生活费用开支，同时也改善了乡村的生态环境。此外，在废弃物处置及环保方面的科学技术进步亦是提升乡村生活品质的关键。如垃圾分类回收、秸秆综合利用等科学技术手段的使用，使农村生活垃圾得到了科学处置。

（三）城乡一体化发展

科学技术的飞速发展与应用是城乡统筹发展的关键。在公共服务方面，城乡服务融合以信息技术为手段突破了传统的城乡二元结构壁垒，使农民享有与城镇居民同等的服务，促进了城乡一体化的统筹发展。首先，科学技术与教育资源的融合是城乡服务融合的主要体现之一。远程教学平台的建立与推广为广大农村地区的学生提供了一个良好的学习环境。通过网络与大数据的分析，教师能够根据不同区域的教学需要为学生提供个性化的课程。比如，以视频为载体的"同步课堂"，实现了边远乡村儿童与城镇儿童的互动，从而有效缓解了城乡教育资源分布不均衡的矛盾。其次，科学技术的革新，实现了卫生服务的整合。随着远程医学的普及以及智能医疗器械的引进，优质的医疗资源可以迅速向农村延伸。借助智能诊断技术，村民可以在自己家门口得到精确的诊断和治疗，解决了出行不便带来的看病难的问题。同时，将健康监测仪器与信息平台相结合，实现了对农村人口健康状态的长期动态监控，达到早诊断、早治疗的目的。这既提高了乡村卫生服务水平，又减少了卫生保健费用。最后，科学技术的支撑促进了城乡运输服务的整合。智慧交通管理体系的构建使城乡路网的运转效率得到了最大限度的提升，而无人驾驶技术的革新则为乡村出行提供了新的途径。城乡运输服务的整合将有效地缩短城乡空间和时间的距离，推动城乡物流高效流通，为实现城乡服务的充分衔接提供了强有力的保障。

　　以山东省滨州市公共资源交易中心为例，为进一步贯彻落实国家关于支持实体经济发展，破解中小微企业融资难题的政策精神，滨州市公共资源交易中心按照国务院及省市稳经济工作会议部署要求，创新跨平台信用共享应用模式建设，打通数据整合共享"最后一厘米"，提档升级滨州市公共资源交易融资保函服务平台（"融e办"平台），打造助企纾困发展"融e办"品牌，为中小微企业健康发展注入信用动能和金融活力。截至目前，"融e办"平台为141家企业办理"纯信用、无抵押"线上融资，金额达4.02亿元，连续两年位列全省融资业务第一名；提供电子保函服务1816次，为企业减少占用资金3.37亿元，出函次数和担保金额均居全省前列。以"推动公共资源交易'融e办'争做助力经济稳大盘'排头兵'"为题的经验做法获新华网推广。创新"金融店小二"服务机制，提供"政策上门"和"1对1"包保服务，建立常态化银企对接交流机制，成功举办三期银企对接交流会暨"融e办"品牌推广活动，不断加大融资撮合力度，丰富交流形式，打造"银助企旺、企旺银兴"的多赢局面。设立企业融资快捷通道，开通企业和金融机构融资供需对接"绿色通道"，向新冠疫情防控期间资金困难企业免费提供融资需求发布的服务，打破中标交易项目的限制，助力企业复工复产。开展降费让利惠企行动，联合8家入驻金融机构下调电子保函费率，最大降幅超80%，真金白银让利市场主体，切实帮助企业提振信心，助力企业抗击疫情稳健发展，彰显公共资源交易温度。

第三节 科学技术对农民产生的影响

一、有助于缩小城乡差距

(一) 科学技术资源平等化

科学技术在农村教育资源平等化中的作用日益凸显。在线教育平台和现代教学工具的运用使得优质教育资源不再局限于城市。近年来，教育信息化建设加速了农村学校的智能化转型。特别是在偏远地区，这种转型对教育公平性产生了深远影响。例如，国家实施的"宽带网络校校通"和"教学资源班班通"工程，使农村学校能够接入互联网，获得与城市学校相同的数字化教育资源。一些在线教育平台(如慕课、双师课堂等)的引入，让农村学生能够听一线名师授课。通过远程实时互动教学模式，学生在不离开家乡的情况下，也能享受到先进的教学理念和方法。这种方式不仅提高了农村教育的质量，还激发了学生学习的积极性和创造力。此外，现代科学技术还改善了农村教师的培训条件。通过信息技术平台，农村教师能够参与各种线上教学研讨和专业培训，快速掌握新型教学手段，提升教学水平。例如，"国培计划"中的网络研修模式，帮助许多乡村教师克服了地域限制，获得了宝贵的学习机会，进一步推动了农村教育的发展。

2024年，中央一号文件提出："推广科学技术小院模式，鼓励科研院所、高校专家服务农业农村。"2009年，全国第一个科学技术小院在河北省曲周县成立。全国科学技术小院服务管理平台数据显示，目前全国已建立科学技术小院超1200个，覆盖31个省份。科学技术小院的师生们深入田间地头和村屯农家，在服务乡村全面振兴中助民生、治学问；农民通过接受农技培训、参与科普活动、提升科学素质，成长为当地的农业科学技术人才。科学技术小院连接了"象牙塔"与"泥土地"，将农业科学技术成果转化为农民可用的种植养殖技术，助力农业发展、农民增收。

习近平总书记指出："要把发展农业科技放在更加突出的位置，大力推进农业机械化、智能化，给农业现代化插上科技的翅膀。"当前，我国农业科学技术创新整体迈进了世界第一方阵，但农业科学技术进步贡献率同世界先进水平相比还有不小差距。科学技术小院既能让农业科学技术工作者尽快验证最新研究成果的实践效果，也使他们可以从农业生产的一线需求出发，抓住更有意义的学术课题。以吉林省梨树县三棵树村的梨树科学技术小院为例，在此驻扎过的研究生完成毕业论文30余篇，在国内核心期刊发表文章20余篇。莘莘学子依托科学技术小院与农村干部群众同吃、同住、同劳动，科研能力、专业素质等得到提升，既进一步充实了农业科学技术人才队伍，也推动形成了新的科学技术成果。科研人员在农村扎下来、沉下去，把论文写在大地上，有助于补齐农业科学技术短板，加快实现高水平农业科学技术自立自强。

经过十几年的发展，科学技术小院服务模式不断升级。如今，跨产业、多主体协同合作，齐力推进乡村全面振兴，正成为科学技术小院的发展方向。比如，在重庆市铜梁区，蔬菜科学技术小院在研发端负责剖析问题，打造蔬菜全产业链的绿色生产模式；在销售端，则联合政府、高校、农资企业、电子商务平台等多主体，拓宽销售路径，提升蔬菜种植收入。凝聚各方力量，不断探索产学研用新模式，方能推动科学技术小院的幼苗长成参天大树，结出更多硕果，让农业发展和科学技术进步更好地实现良性循环。

农业现代化，关键是农业科学技术现代化。耕地等资源是有限的，超大规模市场对农产品的需求不断增长，现在比以往任何时候都更加需要重视和依靠农业科学技术创新。让实验室里的科研成果在广袤的田野落地生根，让创新成果更好惠及广大农民，不断提高我国农业综合效益和竞争力，实现由农业大国向农业强国的转变——这样的图景将一步一步成为现实。

（二）农民收入水平的提升

农产品电子商务平台的出现，使传统的农产品营销方式发生了翻天覆地的变化。农民可以通过网络和消费者直接进行交流，减少了营销过程中的中间费，从而增加收入。该模式为农民增加收入开辟了一条新的途径，同时也推动了农业向品牌化、专业化方向发展。

最近几年，抖音、淘宝、京东、拼多多等主要电子商务平台都开通了"助农"专区，以帮助农民解决农产品滞销的问题。比如，拼多多的"多多农园"就是通过建立一个数字农产品供应链为农民从生产到销售等各个环节提供全面的扶持。通过直播、短视频等形式，将农产品直观展示给消费者。同时借助大数据分析，精准地确定市场需求，帮助农民优化生产计划。

直播带货是电子商务平台助农的一大亮点。比如，云南大理一位农民通过抖音、快手等电子商务平台，在短时间内就卖出了近十万斤新鲜苹果且备受消费者好评。这一模式大大缩短了农产品从农田到消费者手中的周期，大大提高了农民的收入。另外，网络平台的大力宣传，也是区域农业品牌建设的一个重要方面。我国部分传统农业企业在实施品牌营销战略后，均获得了较明显的经济收入。如河南信阳的毛尖绿茶、云南普洱的咖啡、新疆的红枣等，都是在网上快速开拓并逐步形成地域特色的品牌。品牌效应不但提升了农产品在市场上的知名度，更为农民开辟了一条可持续的增收途径。

科学技术在促进农民收入增长的同时也通过技术培训提高了农村劳动力的素质，为他们提供了更多的就业与创业机会。首先，通过农业科学技术培训，农民的专业技术能力有了很大的提升。地方政府、社会团体通过与互联网公司进行合作，开办了电子商务经营培训班。从产品拍摄到文案撰写再到数据分析、精细化运营等，系统地教导农民运用网络进行产品营销。经过一系列培训，很多农民都成为网络店主，在出售自己的产品的同时也带动了周围的村民进行学习提升。其次，农业科学技术的普及使农民能够更好地控制生产成本、提高生产效率。比如，农民掌握了无人机驾驶技术，就能进行精确的农药、化肥等农业作业。这项技术不仅可以减少杀虫剂、肥料的浪费，还能增加农民的收入。在一些地方，熟练掌握无人机技术驾驶的农民甚至成为合作社和企业的技术骨干，每年的额外收入可达到数万元。最后，科学技术的进步也为农民开辟了新的工作空间。在当前乡村产业结构不断优化的背景下，乡村旅游、休闲农业、乡村服务等行业的工作岗位需求量也在不断增加。

（三）城乡生活质量的均衡

1. 农村医疗科学技术的提升

农村医疗健康水平的提升是科学技术助力城乡差距缩小的一个关键领域。长期以来，我国农村卫生资源相对短缺，特别是边远山区，卫生条件、服务水平普遍较低，严重影响了农民的身体健康与生活质量。近年来，我国农村卫生事业出现了新的发展趋势。远程医学的应用使乡村卫生保健工作质量得到了很大的提高。借助互联网和移动通信技术，农民们可以通过视频会诊、远程诊断、远程手术等方式得到专家的诊治。互联网可以实现对农民的健康需求的了解，并提供健康咨询和健康教育，从而提高农民的健康管理水平①。比如，很多省市已经构建了"村医+远程会诊"的新模式，通过手机、电脑等方式，农民可以直接与大医院的专家进行线上沟通，解决了基层卫生资源短缺的问题。医疗设施的更新极大地改善了农村的基本卫生条件。近年来，在政府资金和社会资金的支持下，乡镇卫生院、诊所配备了方便使用的血压计、超声仪、CT 等现代仪器，使广大农民在家门口就可以享受到高效、精准的医疗服务，大大提高了诊断的精度和效率。同时，移动医学在乡村地区的推广对提高农村卫生服务水平也产生了积极影响。随着智能医疗设备的普及，农民能够在任何时间、任何地点进行健康监测（如血糖监测、心率监测等）。随着科学技术的进步，乡村医疗服务将会越来越精准，越来越方便，医疗质量不断提升，城乡差距在医疗领域会逐步缩小。

2. 科学技术资源对农民生活的平等化作用

除卫生保健外，科学技术资源的流入也对农民生活品质的提升起到了积极的推动作用。随着信息技术的普及，农民可以更公平地享受到科学技术的各种便利。随着互联网的发展，农民不再被传统的信息渠道所限制。通过智能手机和网络，农民在任何时候都能够接收到最新的新闻、气象预报、农业技术等各种信息，丰富知识储备和提高信息获取能力。另外，网络还为农民

---

① 周乐清，苗全亮. 加快农业转型升级 助力乡村全面振兴［J］. 农业工程技术，2021，41（36）：100-101.

提供了更方便地参与社会生活的方式，加强了与外部世界的联系，缩小了城乡信息差距。

科学技术提高了乡村地区的消费水平与便利程度。在电子商务平台的发展下，农村居民能够在网上直接采购到来自各地的日用百货、家用电器、保健品等。这极大地提升了他们的消费水平和生活品质。尤其是在食品、家居、智能家用电器等消费领域，科学技术使农民享有与城镇居民同样的商品与服务，从而进一步缩小了城乡间的物质生活水平差距。

在教育方面，科学技术也扮演着重要的角色。通过互联网教育平台与智能教具，乡村学子可跨越地域距离，获得高质量的网上学习资源，促进教育的共享性与公平性。与此同时，很多远程教育计划还为农民提供了更为系统的职业技能训练，从而使其整体素质得到了提升，帮助农民获得了更多的技能和收入。

二、有助于改善农村生活质量

（一）农村生活的智能化

智能家居技术的应用在乡村的普及，标志着农村居民生活水平的显著提升。从 2024 年开始，在国家刺激经济、制定一系列家电补贴政策的背景下，智能家居逐步降价，科学技术的发展使更多的农民开始使用智能家居。智能家居不仅仅包含智能家电、智能照明系统，还涉及家庭安全和环境监测等各个方面。智能家居给人们带来的最直接的变化就是家电的智能化。比如智能冰箱、智能空调、智能洗衣机等家用电器的普及，使农民在家务处理上更加便捷。智能冰箱通过对食物贮存状态进行实时监测，及时提示食物过期时间可减少食物浪费。而智能空调可以自动调整房间内的温湿度，从而达到节约能源的目的。智能家电的推广，极大地减轻了农村家庭的家务劳动负担，提高了农民的居住舒适性。智慧家居的发展，也推动了乡村生活方式的现代化转型。利用智能家居控制系统，农民可以对家里的各种家电进行远程控制，即使身在异地也可以对其进行实时监控。这样的智慧管理模式不但方便了农民的生活，还提高了农民对现代化技术的接受程度。

随着手机移动支付的广泛应用，农民的消费模式也发生了改变。以往农民多采用现金方式进行购物，这种方式既麻烦又不安全。随着支付宝、微信等移动支付工具的广泛使用，农民们可以用手机进行购物、支付、转账等。与此同时，移动支付的普及也推动了农村电子商务的发展，让农民可以很容易地从全国各地买到自己想要的东西，不管是农业产品或者是生活必需品，都可以通过手机进行采购。这种付款方式的普及，不但为广大农民提供了便利，同时也激活了农村经济。在农业领域，智能手机的作用日益突出。很多农业生产管理软件能够实现对农田作物长势、病虫害等的实时监测，及时提醒农民采取措施，保证作物的健康成长①。此外，农民还能通过手机应用程序获得专业的农技知识和栽培指导，从而有效弥补了传统农业中的技术空白，提升了农业生产效率。

（二）医疗和教育服务

科学技术为农村教育资源的均衡发展提供了强有力的支持，远程教育就是其中最具代表性的应用之一。利用网络、多媒体等现代科学技术手段，将城市中的优质教育资源引入乡村，使乡村学生与城镇学生一样享有接受最新教育资源的机会。农村地区以各种方式进行远程教学，其中以"在线课堂"最为普遍。通过网络直播，乡村学生能听一线名师授课，学到最新的学科知识以及更多、更好的学习方法。另外，录播课的推行大大拓展了乡村学生的学习时间与空间，让他们能够按照自己的节奏来进行复习。网络教学可以有效地缓解乡村教师资源匮乏的困境。乡村学校普遍存在着师资力量薄弱、学科师资匮乏等问题，而利用远程教育技术，教师可跨越地域进行教学，协助学生掌握薄弱学科知识点。另外，乡村教师可以利用网上培训平台进行专业的继续教育，提高自己的教学水平，进一步提升教学质量。

医疗服务是影响农民生活质量的重要因素，而远程医疗技术的普及正在

---

① 苏启. 乡村振兴中乡村产业发展规划的思考［J］. 农村、农业、农民(B 版)，2021(24)：22-23.

打破农村地区医疗资源匮乏的困境。乡村卫生机构通过互联网连接城市医院，使农民能够直接得到市级专家会诊，从而减少看病的时间、费用。远程医学是一种新型的远程诊疗方式，包括在线问诊、远程影像诊断、健康数据监测等。网上咨询平台让农民不用到医院排队就能通过电话或者电脑与医生进行交流，了解病情及用药建议。而远程图像诊断系统可以将病人的图像信息上传到云端，再由市医院的专家进行处理，从而提高诊断的准确率与效率。另外，医疗资料电子储存设备的引进，也方便了农村地区的慢性病管理。智能血糖仪、血压计等可将检测结果实时传送至医师，由医师依据个体病情变化对诊疗方案进行调整。此方法特别适用于老人及行动不便的病人，使他们在家就能够得到专业的医疗。

（三）文化生活的丰富

1. 网络带动下的乡村文化活动

随着互联网的发展，乡村文化活动呈现出更加丰富的形式与内容。从网络直播、短视频创作到线上文化交流平台，农民借助数字化媒体，开展了丰富多彩的文化活动。比如，部分农村利用网络直播平台开展民间民俗活动，使传统文化得以在数字化空间中传播。在农村开展的"云庙会"，打破了地域的局限，扩大了群众的参与范围，增加了文化活动的受众群体。与此同时，短视频平台的流行激发了村民的创作热情。农民通过记录日常生活、展示地方特色和才艺，既实现了自我表达，也让更多人了解到乡村文化的魅力。在网络平台上，剪纸、戏曲、编织等农村传统艺术得到展示和传承，形成了一种新的线上、线下相结合的文化活动方式。

传统乡村文化活动主要依靠村委会、文化站等组织，现在则是以互联网为主要载体。文化节目、书籍、电影、艺术展览等资源，通过互联网实现了便捷的分享和传播，农民可以随时随地获取优质的文化内容。比如，一些网络文化平台推出了专门针对乡村的文化服务：提供免费电子书籍、在线文艺表演和文化课程。这些内容大大拓宽了农民的文化视野，丰富了他们的业余生活。同时，社会媒体也在一定程度上提高了乡村文化活动的组织效率。通过抖音、微信公众号等发布活动信息、协调参与者，实现了高效的文化活动管理。这样既能减少农民的组织成本，又能提高农民的参与热情。

2. 科学技术对乡村公共文化服务的促进

科学技术的进步促进了农村公共文化设施的现代化建设。在农村，通过建设数字文化服务中心，把网络和现实的文化设施连接起来，为广大群众提供多元的文化服务。比如，部分乡镇图书馆实行了电子图书借阅，居民只要用手机扫一扫就可以获得所需的书籍，而不会受到图书馆的开放时间、藏书数量的限制。同时，对农村公共文化设施的改造，使其服务水平得到了很大的提高。数字视听设备、多功能活动室、网上预约系统等为农民参加各种文化活动提供了便利。另外，引进智能装置，使得文化服务更有效率和精准化。比如，部分乡镇文化站利用人脸识别技术对居民参加活动进行了记录，优化了文化服务资源的分配。

三、有助于巩固脱贫攻坚成果

（一）产业扶贫的科学技术支持

1. 科学技术助力下的特色产业扶贫模式

（1）科学技术赋能产业精准选择

产业扶贫的核心在于因地制宜地发展特色产业，而科学技术的介入为这一过程提供了精准的支持。通过大数据、遥感技术等，政府与企业可以综合评价贫困地区的资源禀赋、气候条件、土地利用状况，进而制定出一套科学、合理的产业带发展规划。如对西部干旱地区的气候资料进行分析，筛选出抗旱作物，促进当地经济作物（如红枣和沙棘）的种植。在南部山区充分发挥其独特的地理、气候条件优势，发展茶叶、竹业等特色产业。同时，互联网技术也越来越多地被用于开发特色产业。传感器装置可以对作物的生长状况进行实时监控，协助农民进行合理的耕作和饲养管理，从而达到增产增效的目的。以苹果生产为例，山东烟台的大多数果园都采用智能化监控系统对水肥管理、病虫害控制等进行监测，这样既可减少资源浪费又可提高产品的市场竞争力。

（2）特色农业加工的技术升级

在许多贫困地区，产业链短、附加值低是制约传统农业发展的关键。随着农业科学技术的发展，我国的特色农业由单纯的种植、养殖逐步扩展到加工、包装和销售环节。比如，有些地方引入了智能果蔬加工设备，生产出了高附加值的干果、果汁等。另外，冷链物流的发展可以使农产品的保鲜、运输变得更加方便。如云南部分偏远地区就利用冷链物流把特产蘑菇推向全国各地，提高了当地农民的收入。

（3）科学技术带动乡村旅游的结合发展

科学技术助力下的特色产业与乡村旅游相结合，为脱贫攻坚创造了更多机会，例如，一些贫困地区通过互联网宣传地方特色文化和自然风光，吸引城市游客参与农家乐体验、采摘活动等①。这种模式不仅提高了农产品的附加值，还为农民提供了多样化的就业机会。

2. 科学技术在农村经济发展中的实际成效

（1）推动农村经济结构优化

科学技术对脱贫攻坚的意义不仅是特色产业的发展，而且对改善农村经济结构、推动多品种发展具有重要意义。很多地方引进了一些新兴产业，例如光伏发电、电子商务、手工艺制品等，增加了就业岗位。部分贫困地区通过实施光伏扶贫工程，在空闲的土地上建设太阳能电池板，实现了发电与经济效益的有机融合，持续为乡村集体经济和老百姓带来收益。同时，电子商务平台的推广也给贫困地区带来了新的活力。很多地方政府与企业合作，通过培训农民开设网店，销售当地特色产品，使贫困地区的农产品能够直接对接市场。例如，贵州省通过电子商务平台推广刺梨产品，帮助农民实现了增收。

（2）提升农业生产效率与收益

现代科学技术的运用使贫困地区的农业生产力得到了极大的提升。比如，

---

① 高立志，王能晓，赵晓强. "互联网+" 模式下乡村振兴道路探索［J］. 山西农经，2020（24）：16-18.

采用自动灌溉和无人机喷药节约了劳动力和资源。在部分农业大省，农民通过建设"智慧农业"平台，可以实时获取天气预报、市场行情、生产指导等信息，以便制定合理的种植方案来规避可控的风险。随着农产品品质的提高，部分贫困地区的农产品进入了高档市场，农民的收入也进一步提高。如河南部分贫困地区采用科学方法改良小麦品质，使其能够满足高档面包的加工需求，在市场上有较大的品质优势。

（3）科学技术培训助力脱贫致富

科学技术的作用不仅在于提供工具和手段，还在于提升农民的技术知识。不少地方政府与企业联合举办了科学技术扶贫培训班，向农民传授现代农业技术、电子商务操作技能以及基本的信息技术。比如，有些地区开展了"无人驾驶"课程，帮助年轻农民掌握先进的技术，既提高了农业生产率，又增加了就业机会。

对贫困农民的培训与技术援助，使其在较短时间内增加收入，从长远角度来看提高了其发展能力。这种赋能式扶贫，巩固了脱贫攻坚的成果，防止由于技能不足而返贫的问题再出现。

（二）乡村社会保障体系

伴随着我国人口老龄化问题的加剧，农村老年人对养老的需求不断上升。但是由于我国农村地区的养老资源十分有限，传统的养老方式很难适应日益增长的需要。在此大背景下，科学技术的介入给农村养老事业带来了一场革新。智能终端与平台技术的应用极大地促进了农村养老服务的发展。比如，部分地区建立了远程医学与健康监护系统，为老年人提供全天候的健康监测服务。该系统利用可佩戴装置，对老人的健康状态进行实时监控，一旦出现不正常现象就会立即预警并通知医护人员。另外，智慧养老小区的构建利用互联网技术，建立了从健康管理、生活服务到紧急救援的一体化服务模式。

1. 保险系统在乡村社会保障中的作用

保险系统是我国社会保障制度中不可或缺的一环，但长期以来我国农村地区普遍存在着"覆盖面窄、理赔效率低"的问题。科学技术的引入促进了农村保险制度的完善，特别是促进了普惠保险产品的推广并加快了理赔的速度。以区块链技术为例，一些地方建立了基于区块链的农村保险管理系统。该系统为保险合同、保单等信息提供了透明、安全的保障，增强了客户对保险公司的信任。农民可通过移动手机进行农业保险和家庭副业保险的投保，便捷性显著提升。

2. 基层组织在乡村社会保障中的作用

基层组织是农村社会保障体系运行的核心，科学技术手段的引入为其高效管理和服务提供了有力的支持。比如，通过农村社保信息平台的建设，基层组织可以实现对农村居民基本信息、医疗需求、养老等方面的动态管理。这种信息化管理模式不仅减少了人工统计的误差，还显著提高了工作效率。同时，"智慧党建"平台的构建也是实现农村基层组织参与社会保障工作的重要手段。部分地区借助"智慧党建"平台，实现了政策发布、村民意见收集、工作监督等环节的数字化运行。该平台还提供了网上教育、培训等服务，帮助基层干部了解最新的政策需求，提高他们的工作效率，从而使他们更好地服务于群众。

部分地区通过基层组织推进了"乡村互助式养老"模式的发展，依托智能终端与数字化平台将村中老人与年轻志愿者连接起来，为老人提供生活照料与精神关怀服务①。比如，通过移动应用软件对老人的生活需要进行记录并安排志愿者与其进行对接，从而达到精准帮扶的目的；还可通过与互联网企业合作，在偏远地区开展远程诊断、社区卫生管理等工作。乡村医生使用智能诊断装置对老人进行体检，检测结果被实时地上传到"远程医学"云端平台，再由市级医院的专家对其进行分析并给出相应的处理意见。这样既能有效地弥补农村卫生资源的短缺，又能促进农村养老事业的专业化发展。

（三）返贫防控的技术手段

1. 返贫动态监测与预警体统的建立与成效

建立返贫动态监测与预警体系是我国科学技术扶贫的一项重大举措，结

---

① 李秀莲. 关于实施乡村振兴战略的几点思考［J］. 甘肃农业，2020(12)：16-19.

合大数据分析、人工智能、物联网等技术，实现了对农村贫困人口返贫风险的实时监控与评估。比如，建立基于居民收入变动、灾害影响、疾病支出等多方面的动态监控模型，实现对贫困人口的精准识别。调查结果除了来自政府部门的统计资料，还包含农民的生产、生活状况等方面的资料。通过对大数据的分析可以发现问题出现的客观规律，比如某个地区的农民收入出现了明显的下滑或者是某些作物出现减产，从而为相关部门的决策提供科学依据。通过对贫困人口的实时预警，有关部门可以及时做出反应，把可能的返贫风险消灭在萌芽阶段。

建立健全返贫动态监测与预警体系，是实现返贫预警的有效途径。通过建立统一的农村大数据平台，实现了农村人口、产业发展、自然灾害等方面的信息共享，解决了"信息孤岛"问题。例如，基层干部通过手机端应用录入村民的生产经营情况，数据自动汇总到县市级平台进行统一分析。这种信息共享模式提升了监测工作的效率，也为精准扶贫提供了有力的支持。

2. 科学技术在扶贫长效机制中的具体应用

扶贫长效机制的建立离不开科学技术对资源配置的优化作用。利用大数据平台，可以对各个地区的扶贫资源进行智能调配。例如，某些地区利用数字化地图系统，对扶贫资金、技术培训和产业扶持等资源进行空间分布分析，从而将资源精准分配给最需要的地方。这种智能化资源配置模式不仅提高了扶贫效率，还减少了资金浪费和重复投入的现象。与此同时，区块链技术被广泛应用在扶贫资金的管理方面。区块链技术具有透明、可追踪的特点，保证了资金的公开、合规，有效防止腐败和资金流失问题的出现。另外，部分地区还利用区块链技术将农民和金融机构联系起来，向农民提供免息小额信贷服务，帮助其解决发展资金短缺的问题。

科学技术在产业扶贫中的具体应用也为扶贫长效机制的建立提供了强有力的支撑。农业科学技术的推广使贫困地区农民能够种植出高附加值作物，从而增加其经济收入。此外，电子商务平台的普及让农产品直连市场，省去了中间环节，提高了农民的收益。例如，云南省蔬菜种植基地通过农业物联网平台为农民提供种植技术指导，同时监控作物生长状态并通过大数据模型预测市场需求，从而实现了产业链的精细化管理。科学技术在扶贫长效机制中的应用还体现在社区参与和社会力量整合方面。例如，一些地区通过社交媒体平台发布扶贫动态和需求信息，吸引社会力量的关注和参与。企业通过互联网平台为贫困村提供精准帮扶，如技术支持、经济支持、市场推广等。这种科学技术整合模式增强了社会力量与扶贫工作的协同作用，形成了全社会共同参与的良好局面。科学技术为返贫防控提供了强有力的手段，通过返贫动态监测与预警体系的建立和扶贫长效机制的完善，农村地区返贫问题得到了有效控制。相信在未来的时间里，随着科学技术的进一步发展，这些措施将更加精准高效，为乡村振兴的持续推进提供多维度的强效支撑。

　　科学技术在乡村振兴中的深远作用贯穿其整个发展历程与未来蓝图，不仅推动了乡村社会的全面进步，也为我国的可持续发展战略提供了足够的支撑。在农业生产中，科学技术手段显著提高了生产效率，推动了精准农业、绿色农业和智能化管理的广泛应用。在乡村治理中，智慧管理系统和数据分析技术优化了基层乡村治理模式，提升了乡村社会运行的生产效率与生活质量。在生态环境建设中，绿色科学技术和清洁能源技术改善了乡村的环境质量，助力其构建可持续的生态农业模式。与此同时，科学技术的进步优化了城乡资源的配置模式，促进了城乡共享资源平台的构建和经济结构的调整，进一步推动了城乡一体化发展。此外，科学技术创新正在极大地改变农民的生产和生活方式。智能化的生活设备、便捷的医疗教育服务和丰富的文化生活都在不断提高村民的幸福感和生活质量，科学技术助力下的产业扶贫与返贫动态监测与预警体系更为脱贫成果的巩固提供了有力的支持。整体来看，科学技术已成为推动乡村振兴的重要引擎。通过持续创新和高效应用，科学技术正在为实现"农业强""农村美""农民富"的目标注入持久的动力，为构建城乡融合发展的现代化乡村新格局开辟更广阔的空间。

第五章　科学技术赋能乡村振兴的典型案例及经验总结

第一节　科学技术赋能乡村振兴的典型案例

一、科学技术赋能乡村振兴——农业

永安镇位于山东省，是传统农业大镇，长期依赖传统的耕作模式和作物种植技术。然而，随着农业人口数量的减少、土地资源有限、环境压力增大以及农产品市场需求的多样化，传统的农业生产方式逐渐显现出了产量低、质量差、效益不高等问题。为了应对这些挑战，永安镇迫切需要通过科学技术赋能，推动农业生产方式的转型升级。近年来，山东省永安镇坚持以科学技术赋能乡村振兴，通过科学技术的引入和应用，显著提高了农业现代化水平。要想发展现代化农业，人才建设是必不可少的，永安镇非常重视加强与高等院校和科研院所的沟通与合作，主要目的是培养更多的人才，吸引其投身到永安镇的现代化农业建设当中。为此，永安镇与山东农业大学、中国海洋大学等高校和科研机构建立了合作关系，依托其农业科研优势，将最新的农业技术应用于当地的农业生产。通过专家驻点服务和开展培训活动等众多形式，邀请专家和技术人员直接对当地农民进行农业技术改造的指导和教学，在病虫害防治和高产作物培育等方面为当地农民提供了极为专业的教学。除

了重视与高等院校和科研机构的合作，永安镇还鼓励龙头企业参与当地农业发展，通过与农业龙头企业合作来建设当地现代的农业产业园区。由于这些企业本身具有丰富的资金、成熟的技术以及广阔的市场，所以可以在多方面为当地的农业发展提供大力支持，为当地的农业生产提供综合服务。

现代化农业的发展在前期也需要投入大量的资金，永安镇通过政府引导、社会资本参与的模式为当地的农业发展筹集资金，减轻了当地农民的压力。永安镇利用乡村振兴专项资金支持当地农田基础设施改造，同时大力吸引社会资本投资高效农业项目，这些资金的注入为农业机械化、数字化改造提供了保障。此外，永安镇还建立了智慧农业平台，在农业管理方面广泛应用了物联网、大数据、云计算等先进技术。例如，在水稻和蔬菜种植过程中运用精准农业技术，通过传感器实时监测土壤湿度、温度和病虫害信息，并将数据上传至云平台，进行分析和预警，这种系统化的农业管理模式显著提高了农业生产效率。此外，永安镇还构建了覆盖当地的农业技术服务网络，包括农业技术推广站和乡村服务中心等。通过定期开展农业技术培训班和现场示范活动，提高了农民对新技术的接受能力，为新技术的推广减轻了阻力。

为了推进乡村振兴战略的成功实施，永安镇还出台了相关政策来支持当地农业的科学技术发展，包括补贴农业机械、奖励新技术应用等。当地农民购置智能灌溉系统可以享受一定的政府补贴，既可以降低农民本身的投资成本，还推动了新技术的普及，一定程度上缓解了农民对于新技术的排斥情绪。永安镇致力于推动农民专业合作社的发展，通过合作社的方式来整合原本分散的小农生产资源，原本单个农民的资源整合到一起之后，就可以统一地采购和管理农业生产资料，从而降低农民的生产成本。例如在智能农业设施方面，大型的现代化农业工具成本较高，对于农民而言难以承担，而合作社就可以整合农民的资源，从而集中采购先进的温室设备和智能机械，为农民节省大量开支，减轻农民农业转型的压力。永安镇深入认识到了人才的重要性，在重视引入外部技术支持的同时，还注重培养本地的农业科学技术人才，通过建立村级农技推广员制度，确保科学技术服务能够覆盖到每一个农民。这种"专家+农技员+农民"的三层技术服务模式，形成了完整的多层次科学技术服务体系。通过整合社会资源、构建完善的科学技术体系，永安镇实现了农业的现代化和高效化，这些措施不仅提高了当地农业生产效率和农民收入，还推动了乡村社会的全面发展，为其他地区提供了有益的借鉴。

作为推进乡村振兴的示范地区之一，永安镇在农业发展过程中深刻认识到科学技术是引领现代化农业发展的关键因素。镇政府、企业和农民三方共同推动新型农业技术的推广与应用，特别是信息技术、智能农业、生态农业等多种新型农业技术的融合，为提升农业生产效益、推动绿色可持续发展奠定了坚实的基础。随着现代科学技术的不断发展，信息技术、物联网、人工智能、大数据、智能温室、精准农业等新型农业技术在现代农业生产中逐渐发挥着越来越重要的作用。这些新型农业技术不仅可以提高作物产量、改善产品质量，还能促进农业绿色发展、提高农民的收入水平。因此，永安镇将新型农业技术作为推动农业现代化、促进科学技术融合的重要着力点。智能农业是现代农业发展的重要方向，为了推进现代化农业发展，永安镇也在智能农业方面进行了多项探索。通过引入物联网技术，在温室大棚、农业生产基地等地方安装了传感器设备，实现了对土壤湿度、空气温湿度、光照强度等环境参数的实时监控。这些数据再通过无线网络上传至云平台，农民可以通过手机应用或电脑端远程查看和调整环境参数，确保作物在最适宜的条件中生长。镇内的温室大棚还引入了智能控制系统，结合物联网技术，实现了温度、湿度等数据的自动调节，这种智能化管理大大提高了作物的生长效能，使温室内的蔬菜、花卉和水果的产量与质量都有了显著提升。

此外，永安镇通过建设农业大数据平台，收集农业生产过程中产生的大量数据，并通过云计算进行数据处理和分析。数据平台主要包括农业气象数据、土壤数据、作物种植数据、市场需求数据等，为农民提供精准的种植建议和市场趋势预测。例如，通过数据分析可以判断某一地区的作物是否存在水土流失现象，土壤条件是否适合种植某一特定作物，并向农民提供作物种植建议。同时，平台还结合市场需求数据，帮助农民判断何时种植何种作物能够获得更高的市场价值，实现"产销对接"的精准化。在促进农业绿色发展的过程中，永安镇还大力推广生态农业技术，通过引入有机农业种植模式，减少化肥和农药的使用，同时增加有机肥的使用，改善土壤结构，保护农业生态环境。永安镇还鼓励农民采用水肥一体化、滴灌、喷灌等节水灌溉技术，有效提高了水资源的利用效率，减少了水资源浪费。依托新型农业技术的应用，永安镇形成了科学技术与农业生产深度融合的局面，通过多项新型农业技术的推广，成功实现了农业生产的提质增效、绿色可持续发展，并通过政府引导、企业参与和农民协作，推动了科学技术成果的普及和农民收入的提高。

永安镇在推动乡村振兴的过程中，通过政府引导、企业支持、农民参与的协同机制，大力增强科学技术在农业生产中的应用能力。这种"政府+企业+农民"的模式不仅可以充分调动多方资源，还能够有效实现农业增效、农民增收和乡村发展的多重目标。永安镇政府在科学技术赋能农业方面提供了强有力的政策支持和财政保障，一方面，设置了乡村振兴专项资金支持高效农业技术的推广，包括智能化温室建设、水肥一体化技术应用等。另一方面，政府还出台了补贴政策以降低科学技术应用的门槛，对购买智能灌溉设备和高效农机的农民提供财政补贴，激励农民积极参与现代农业生产。此外，镇政府还为农民准备了技术提升的平台和渠道，通过建立科学技术服务中心等站点，为当地的农民提供免费或低成本的技术咨询和专业培训。定期举办农业科学技术讲座、田间技术指导活动等，提升了农民对新技术的接受度和应用能力。除了为农民提供财政支持和保障，政府还在企业和农民之间承担起了桥梁作用，通过组织农业展会、搭建销售平台等方式，大力促进企业和农民之间的合作。企业可以利用场地和资源进行农业技术和产品的推广；农民可以吸引企业投资试验示范项目，将农民、企业和市场连接起来，为农业科学技术的推广和应用创造良好的环境。

在推动现代化农业发展的过程中，政府在前期需要投入大量的精力、时间、金钱，所发挥的作用也是不可代替的。但随着现代化农业进程的加快，政府所起到的作用越来越小，仅仅依靠政府是不能完成农业生产的转型升级的。如果说政府是现代化农业的推手，那么企业就是现代化农业发展的必要条件，企业的介入和推动意味着当地农业发展的可能性。永安镇认识到了企业对于现代化农业发展的重要性，因此积极引入农业科学技术企业，推动智能化设备、精准种植技术和生态农业理念的应用。企业不仅可以提供技术设备，还参与到农业生产的全过程。例如，一些龙头企业通过签约合作，为当地农民提供种苗、技术培训和产品回购服务，构建了从种植到销售的全产业链支持体系，这种模式既降低了农民的生产风险，又为企业带来了稳定的原料供应，可谓是双赢的选择。

农民作为技术接受的主体，是农业科学技术应用的直接执行者①。通过政府和企业提供的培训和指导，农民可以逐渐掌握现代农业技术。永安镇建立了"合作社+农民"的模式，使分散的小农民能够以合作社为平台，共同参与现代农业生产。相比单人种植而言，合作社起到的作用更加重要，合作社可以集中采购智能农机和先进种苗，从而降低农民的生产成本。农民还可以通过合作社获得更多的市场信息和销售渠道，大幅度减少了中间环节的利益流失。农民作为技术的实际应用者和农业生产的主体，其自身的意识观念对现代化农业的发展具有重要影响。在政府和企业的引导下，永安镇的农民逐步从传统的小农意识向现代农业经营理念转变。农民开始主动参与农业试验项目，尝试种植高附加值的特色作物，并利用智能化大棚种植有机蔬菜或药材，显著提高了收益，成功迈出了现代化农业发展的第一步。永安镇以"政府+企业+农民"为发力点，构建了科学技术赋能农业的高效协同模式。政府在政策引导和公共服务保障方面提供了强有力的支持；企业在技术创新和市场推广中发挥了关键作用；农民则通过学习和参与成为科学技术应用的主体。这一模式不仅提升了农业的科学技术含量，还实现了农民增收和乡村振兴，为其他地区提供了可借鉴的经验。

二、科学技术赋能乡村振兴——养殖业

泰顺县位于浙江省温州市西南部地区，是一个位于山区的生态县，该地区土地资源较为丰富且气候温和，森林覆盖率较高，雨量充沛。这为当地发

---

① 杨武云. 依靠科学技术支撑引领乡村振兴 [J]. 民主与科学，2020(06)：15-18.

展特色农业和生态种植业提供了优越的自然条件。在乡村振兴战略引领下，泰顺县的养殖业逐步形成了以生态化、高附加值为特征的发展模式。泰顺县的特色养殖非常出名，也是当地居民重要的经济来源。泰顺县的泰顺乌骨羊是国家地理标志保护产品，其肉质细嫩、营养价值高，已经成为当地畜牧业的核心品牌。此外，当地的生猪养殖也有占一定比重，逐步向绿色养殖方向转型。在科学技术赋能乡村振兴的实践中，泰顺县以高效养殖为抓手，通过现代农业科学技术的深入应用，推动了当地养殖业的高质量发展。为了提高当地养殖质量，泰山县积极推广现代化养殖技术，利用数字化养殖和生物技术等，同时还结合了当地山区地形特征和生态优势，大力推动智能化养殖设施的建设。泰顺县在养殖场中引入了先进的智能温控、湿度调节和通风系统，可以很大程度上保障养殖环境的稳定性。这种先进的控制系统对于畜禽养殖和水产养殖的作用十分明显，利用传感器可以实时监测氨气浓度、二氧化碳浓度和光照强度等环境因素，还可以监测动物的健康状态，从而进一步优化生长环境，降低动物患病风险，提高了生产力。另外，通过自动饲喂设备实现了精准饲养，结合物联网技术可以对饲料量进行精准控制，优化饲料配比，减少浪费，确保营养均衡，同时还能保护环境，有利于实现绿色养殖的目标。

此外，泰顺县还开启了"智慧养殖"模式的探索，将数字化管理系统应用到了养殖过程当中，依托数字技术实现了管理效率的提升，降低了管理成本。利用射频识别、二维码追溯等技术，可以对养殖动物的健康状态、生长周期和生产性能等数据进行实时监控，从而形成精准数据档案，之后再对养殖场的数据进行整合分析，了解不同品种动物养殖的特点和优劣势，结合市场需求预测模型，可以进一步优化养殖计划和资源分配，对后续的品种选拔和市场竞争力的提高具有积极作用。泰顺县重视生物技术在养殖业中的作用，并通过开展科研合作来提升当地产业的核心竞争力。当地政府积极与科研机构针对动物养殖和疫病防治开展合作，大力开发基因工程疫苗和生物制剂，以提高养殖动物的抗病能力，还可以减少传统抗生素的使用，在降低养殖动物生病率和死亡率的同时确保了产品的质量安全。除了疫病防治，泰顺县还联合其他科研机构对养殖动物的品种选育开展了研究，利用基因组选择和

DNA 标记辅助选择等技术对本地的特色畜禽品种进行了优化，以提高其繁殖性能和生长效率，增加了经济效益。除了畜牧业，泰顺县在水产养殖领域也进行了创新，大力推广生态友好的养殖模式。为了使当地产业实现可持续发展，泰顺县十分重视环境的保护，为此建立了循环水养殖系统，不仅建设了闭环式循环水养殖场，还引入了生物过滤、紫外线杀菌、水质监测等先进技术，在实现水资源高效利用的同时实现了废水零排放。此外，泰顺县还应用了"稻鱼共生"模式，结合当地山区的稻田资源，开展实施了稻田综合种养模式，通过微生态调控的方式，降低了稻田的病害发生率，提升了稻米和水产品的附加值，实现了经济效益和生态效益的双丰收。根据当地的山区生态条件，泰顺县还发展了林下经济，推广林地养殖模式，当地农民利用丰富的林地自然资源开展了"林下散养鸡"模式，减少了人工饲料的投入，同时散养的鸡群还可以啄食林地的杂草和害虫，从而成功促进了生态循环。另外，当地还开展了"林果共生"模式，即在林地间套种果树，再结合禽畜养殖，实现了复合经营，不仅提高了土地利用效率，还减少了生态破坏。

泰顺县结合国家碳中和目标，强力推进了畜牧业的绿色低碳发展。一方面，通过研发和应用粪污资源化处理技术，将畜禽粪便转化为有机肥料或沼气等可再生能源。另一方面，构建了秸秆饲料化利用与循环生态农业体系，将养殖与农业种植有机结合，形成了闭环的可持续生产模式。为发展绿色低碳产业，泰顺县大力推广种植业与养殖业相结合的循环农业模式，将养殖废弃物资源化利用，用于种植业，实现了农业生产的绿色循环。当地采用了生物发酵技术处理畜禽粪污，以其为原料生产出了有机肥料，供茶叶、果树和粮食种植使用，在保护环境的同时还能减少化肥使用量，改良当地土壤状况。而针对养殖场的废弃物处理问题，则是引入了沼气发酵工程，将畜禽粪污转化为清洁能源，通过在规模化养殖场建设沼气池，利用厌氧发酵生产沼气，从而为农村供暖、炊事等提供了大量能源，沼渣可以用于培肥土地，沼液可以用于作物滴灌，这一过程形成了完整的废弃物资源循环链条。与此同时，泰顺县还大力推广清洁能源与低碳技术，致力实现光伏农业一体化，推进光伏发电与农业的融合发展，打造绿色能源示范园区。在养殖场、农民屋顶铺设了光伏板，实现发电的同时还为农业生产提供了电力支持，另外，当地还将光伏发电与作物种植相结合，利用光伏板的遮光作用对棚内的温度与湿度进行调节，可以为作物的生长提供适宜环境。除了新能源，泰顺县还引入了电动农业机械与太阳能驱动设备，通过大力推广电动耕作机、植保无人机等低碳化农业机械，减少了传统柴油机械设备的使用，从而大大降低了产业生产过程中的碳排放。通过现代科学技术的应用，泰顺县构建了生态友好型农业体系，走出了一条科学技术赋能、绿色发展的特色之路。

除了大力发展生态农业，泰顺县还充分发挥当地山区生态资源和特色的农业优势，通过引入应用现代农业科学技术，推动当地养殖业与其他产业的深度融合，以构建多元化的产业体系，提升当地农业产业附加值与综合效益。泰顺县以养殖业为中心，延伸出了加工产业的链条，通过结合创新与特色产业的开发，推动了当地养殖产品深加工，提升了养殖产品附加值。例如，针对当地的特色养殖品种(如泰顺乌骨羊、土鸡等)，引入了真空冷却、低温保鲜及自动化屠宰技术，开发出了高端羊肉卷、生态鸡肉罐头等多种深加工产品，满足了多层次的市场需求，还利用生物提取技术，将羊骨、鸡爪等养殖副产品加工为富含胶原蛋白的功能性食品或保健品，进一步提升了产品价值。除了深加工产业，养殖业与乡村旅游的跨界融合也是泰顺县的一个特色，依托智能化和生态化的养殖技术，以科学技术助力当地生态观光牧场的建设和发展，在养殖场内设置透明观察区，利用 AR/VR 技术展示智能饲喂、粪污处理等现代养殖技术，让游客直观感受到科学技术赋能养殖的魅力，改变人们对于传统养殖产业"脏乱差"的刻板印象。为了满足游客的好奇心，给顾客带来更多新奇体验，当地还开发了以喂养牲畜、采摘农产品为主题的体验活动，吸引更多的游客参与其中，促进了农旅融合。

三、科学技术赋能乡村振兴——生态农业

湖南省花垣县地处武陵山区，依托其优越的自然生态环境和丰富的民族文化资源，在科学技术赋能乡村振兴的过程中，针对特色生态农业发展采取了多层次、多领域的创新举措。花垣县重视农业方面的技术研发与推广，基

于当地区域的种植特点进行了技术适配与创新，依托省级农业科研机构和高校合作，引进了众多的农业科学技术。例如，花垣县针对当地酸性红壤的土壤特性，引入了石灰改良技术和生物有机肥料，解决了当地土壤酸性偏高的问题，优化土壤结构，提高农田地力。同时，针对当地土壤酸性较高的特点，花垣县因地制宜，根据当地的土壤特点选择了耐瘠薄、抗病害的优质水稻、玉米、油菜等作物品种进行种植，并致力开发适合本地生态种植的特色经济作物，通过与湖南省农业科学院展开合作，培育出适应本地气候和土壤条件的抗病、抗逆经济作物品种，如高抗性猕猴桃、特色有机茶树品种、黄桃等。花垣县还引进了精准施肥和生态防控技术，基于对当地土壤的分析结果，大力推广测土配方施肥技术，减少化肥的使用，降低成本的同时还有效保护了当地环境。花垣县引入了益生菌、天敌昆虫等生物防治技术，降低作物的病虫害率，减少了农药的依赖，提高了产品质量。花垣县地处山岭地区，针对当地的丘陵地貌特点，研发并推广了适用于小地块的轻便农机。相比大型农机而言，轻便农机进一步提高了生产效率，减少了劳动力需求，同时还有效降低了后期的使用和维护成本，减轻了当地农民的经济压力。

通过科学技术赋能，花垣县的农产品生产从传统粗放型向精细化、绿色化方向转型，不仅构建了生态循环农业体系，利用种养结合模式，将养殖废弃物（如猪粪、鸡粪）通过沼气处理后作为农田有机肥，既实现废弃物资源化利用，又降低农业生产成本。此外，还推广了立体种养模式，例如稻鱼共生、稻鸭共作模式。鱼和鸭作为生物防控工具，可以减少农药的使用，稻田水体循环又可以提升生态系统的稳定性，改善作物的产量和品质。这种模式在不影响粮食产量的基础上提高了水体的利用效率，有力改善了当地的生态环境。除了传统的作物种植业，花垣县还致力于打造特色产业集群，以科学技术为支撑，建设具有本土特色的农产品基地，例如"花垣黄桃"种植示范园、"苗岭香茶"有机茶园等，形成了区域性农业品牌。为了提高经济效益，花垣县采用了无公害栽培技术，在苗岭山区开发了绿色猕猴桃种植基地，生产高品质、有机认证的水果；还依托武陵山区优质的生态环境，实施高山有机茶园建设，结合茶叶深加工技术，开发高端茶叶产品，以满足市场多样化需求。

此外，花垣县还利用当地的山地资源种植高油酸品种油茶，通过低投入、高效益的生态管理方式，致力于打造高端食用油品牌。

在发展生态农业的同时，花垣县还注重生态保护，并以此为核心对当地资源进行管理和综合利用。为了实现生态农业的可持续发展，花垣县在坡度较大的山地区域实施退耕还林措施，并发展核桃、猕猴桃等生态经济林，同时结合林下中药材种植和林下土鸡养殖等模式，实现了生态效益与经济效益双赢。为了保障农业用水的稳定性，实现水资源的高效利用，花垣县在河流沿线开发生态水稻种植区，通过生物滤池技术净化灌溉水源，确保生态种植的用水质量。为了保护当地的生物多样性，花垣县构建了农田生态走廊，利用边界植被和水体连接不同种植区域，形成微生境，提升生态农业的整体生物多样性。这些都离不开数字化和科学技术化的帮助，为了提高农业生产效率，花垣县构建了精准管理的智慧农业系统，以物联网技术为基础，通过传感器实时监测土壤温湿度、空气质量和病虫害动态，为农民提供科学的农田管理建议，还开发了农业大数据平台，汇集农业生产、销售和气象数据，为政府制定农业政策和应急方案提供科学的参考依据。花垣县在科学技术赋能乡村振兴的过程中，以现代农业科学技术为核心，因地制宜发展特色生态农业，构建了高效、绿色、可持续发展的农业生产体系。这种以生态保护为前提、技术创新为驱动、产业融合为目标的发展模式，不仅显著提升了农业经济效益，还形成了发展生态农业的示范样本，为其他地区提供了有价值的参考。

第二节　科学技术赋能乡村振兴案例经验总结

一、坚持党建引领科学技术赋能乡村振兴

坚持党建引领科学技术赋能乡村振兴具有重要意义，它是实现新时代中国特色社会主义乡村振兴战略的关键举措[①]。党的领导是中国特色社会主义最

---

① 赖齐贤，李秋明，范日清. 规划引领助力乡村振兴的实践探索 [J]. 浙江农业科学，2020，61 （12）：2461-2465.

本质的特征，也是最大的优势，坚持党对一切工作的领导，是国家和社会发展的根本所在、命脉所在。乡村治理是国家治理的基石，乡村振兴作为国家治理体系的重要组成部分，必须坚持以党建为引领，确保发展方向正确。通过党建工作加强党的领导，才能够为乡村振兴提供充分的政治保障和组织基础。生产力的发展是社会发展的根本动力，而科学技术则是现代生产力的核心。坚持党建引领科学技术赋能，能够将先进科学技术与党的政策方针有机结合，实现经济效益和社会效益的双重提升。乡村地区在发展过程中存在着较多的阻碍和发展瓶颈，想要提升乡村地区的经济竞争力，必须解决乡村地区所存在的问题，当前我国农村面临的主要问题有农业劳动生产率低、资源浪费严重、产业模式单一等。坚持党建引领，可以在短时间内凝聚更多的资源和力量，为农村的转型和升级注入强大的动力和活力，为农村发展提供资金、人力支持，通过科学技术赋能发展智慧农业、新能源技术、数字化管理等，显著提升了农业生产效率和附加值。坚持党建引领可以进一步优化乡村地区的治理体系，提高乡村治理的现代化水平。党建引领科学技术赋能可以让农村在发展的大方向上保持正确，同时还可以为科学技术赋能提供动力，推动"智慧党建"和"数字乡村"的建设，利用大数据、区块链等技术加强村务公开、资源配置和精准扶贫等工作，提高乡村治理效率。科学技术赋能可以在农村生产方和市场需求方之间搭建起重要的桥梁，从而助力乡村产业链的延伸和发展，优化乡村与城市之间的资源配置，实现城乡要素的双向流动，为推动城乡融合发展、实现共同富裕打下坚实的基础。

党的政治优势、组织优势与现代科学技术的创新驱动力的有机结合可以推动乡村振兴战略进程。坚持党建引领可以实现科学技术与乡村需求的精准对接，党组织能够广泛动员政府、高校、科研院所和企业的科学技术资源，进行多方连通，从而推动有效沟通机制的建立，通过党建工作统一协调力量，实现科学技术成果向乡村的有效转移与转化。乡村振兴是国家发展的重要战略，在推进乡村振兴的过程中，党组织不仅是领导者，更是行动者，通过党建引领科学技术赋能，不仅可以促进乡村的发展，还能够激发基层党组织的创新活力，提升其在农村社会中的影响力。对于基层党组织而言，这是机会，也是考验，乡村振兴是目前我国的重要任务，党组织需要以身作则，发挥自身独特优势，在农村发展过程中，应表现出党组织应有的号召力和公信力，为当地的发展提供政治保障。党建引领可以依托基层党校、党员干部培训、科学技术下乡活动等多种形式，推动科学技术知识向农村传播，培育懂技术、会经营的新型农民和农村党员干部队伍，为乡村振兴提供人才支持，解决农村地区人才稀少、留人难、用人难的问题。

坚持党的领导能够统一思想，整合资源，确保乡村振兴战略在基层的高效实施，通过科学技术赋能，党建工作可以推动智慧化管理，例如，通过搭建"数字党建"平台，实现农村党组织的动态管理和资源统筹，增强乡村治理现代化的精准性和高效性。此外，还可以将科学技术手段（如大数据、人工智能等）与党建工作相结合，使农村治理方式更加多样化，推动基层治理从传统人治模式向智慧治理模式转型。例如，基于数据分析的村级事务监督、精准化社会救助和风险预警机制，有助于提升农村社会的稳定性和透明度。坚持党建引领还有助于优化乡村的社会结构和经济模式，促进农村社会结构的重构和活力再造。当前，农村社会面临着严重的人口老龄化和青壮年劳动力外流等问题，党建引领科学技术赋能可以通过乡村产业数字化转型吸引青年人才返乡创业。例如，很多乡村地区都基于电子商务平台开展了线上农产品销售模式，在拓宽了销售渠道的同时，还有助于帮助乡村地区打出知名度，打造特色品牌，不仅可以增加农民收入，还可以吸引更多青壮年参与到乡村振兴事业当中，有助于缓解农村地区人口老龄化问题。科学技术赋能可以推动农村产业多元化与价值链的延伸，实现农业与工业、服务业的深度融合，例如，农业科学技术推动精细化、绿色化生产，可以降低成本、提升产量；物联网技术可以提升农产品质量追溯能力，增加消费者信任度；文化旅游与农产品电子商务结合，可以构建"农业+文化+互联网"的新型业态。坚持党建引领可以为多产业融合发展提供强大的组织保障和政治保障，可以帮助乡村地区整合当地资源，为其发展注入更多动力，从而为当地的产业发展和转型升级提供更多的可能性。

坚持党建引领不仅有助于促进乡村地区的经济发展，还有助于为当地注入文化新动能，能够使当地文化得到进一步的传承与创新。在党建引领下，科学技术赋能所起到的作用会更加明显，除了在农业生产方面发挥作用，科学技术赋能还可以将乡村传统文化通过数字化技术进行保护和传播，可以利用虚拟现实和增强现实技术，对当地乡村的传统农耕文化和非物质文化遗产进行保护，利用科学技术手段吸引更多人的关注，使传统文化得到传承。通过建立党建宣传平台，还可以强化村民对党史和乡村振兴政策等内容的认知，增强文化认同感。坚持党建引领还可以推动乡村文化现代化与产业化结合，党建与科学技术的结合不仅能够保护传统文化，还能赋予其新的商业价值，部分乡村地区可以依托数字化工具开发具有自身特色的主题文创产品，并结合电子商务和短视频平台，向更广泛的市场推广，进一步提升乡村地区的知名度，促进当地的经济发展。乡村党建工作与科学技术赋能下的新媒体相结合，还可以培育新型文化主体与多样化的传播方式，通过农村党员的示范效应，可以引导村民主动参与到乡村振兴的文化建设当中，增强乡村社会的凝聚力，重现乡村本土文化的活力。

科学技术赋能不仅可以改变乡村地区的农业生产方式，还可以在生态环保领域发挥重要的作用，但乡村地区本身条件有限，居民受教育水平较低，因此要想使科学技术赋能在绿色农业和生态治理领域得到广泛应用，仍然需要党建引领来进行协调。例如，基层党组织可以协调生态补偿机制，向当地农民推广光伏发电、沼气利用等清洁能源技术，实现经济效益和生态效益的双赢。科学技术是手段，农民是使用主体，要想使乡村的农业生产得到彻底的改变，农民本身的耕种意识和传统思维必须不断更新。在这种前提下，党建工作的重要性就十分明显，党建工作可以通过线上线下宣传、技术培训等多种方式，结合数字化宣传平台对村民进行引导、教育，帮助其形成绿色的生活方式，引导村民从被动接受到主动参与乡村生态保护工作，增强农村居民的生态意识，为科学技术赋能乡村振兴的成功发展奠定思想基础。坚持党建引领科学技术赋能乡村振兴，不仅是农村经济社会发展的需要，更是促进城乡融合、实现共同富裕的关键路径。从治理现代化到社会结构优化，从文化传承创新到生态文明建设，这一战略具有全面性、创新性和时代价值。未来应继续深化科学技术与党建的融合，在实践中探索出更符合农村实际、更具推广价值的乡村振兴模式，为实现全面建设社会主义现代化国家的目标奠定坚实基础。

二、构建协同配套的数字科学技术服务平台

在科学技术赋能乡村振兴的过程中，构建协同配套的数字科学技术服务平台具有战略性和现实意义，是提升乡村治理效能、优化资源配置、促进经济高质量发展、推动乡村全面振兴的重要工具①。社会的发展不仅需要技术的进步，还需要先进的制度，只有技术和制度协同才能够使社会不断向前发展。如果技术和制度不匹配或无法协同，那么必然有一个会被抛弃，要么是旧技术被革新，要么是旧制度被变革。数字科学技术服务平台就是将科学技术创新和制度创新有机结合的重要存在，其功能是多样化且十分重要的，不仅可以整合各种各样的数据，还可以在平台上共享相关信息，从而完成协同治理，实现科学技术赋能乡村振兴的集约化和智能化。乡村地区的发展不仅涉及农业生产领域，还有资源管理、社会服务等其他领域。在科学技术的发展过程中，数据是支撑科学决策的核心要素，通过构建这种协同平台，可以将分散的资源、数据和技术能力整合到统一架构之下，从而为乡村地区的发展提供精准化的支持。乡村振兴是一个复杂的系统工程，是一项长期的工作，所涉及内容是方方面面的，因此单一的功能平台难以满足其多元化需求，而构建协同配套的数字科学技术服务平台能够更好地实现经济、生态、社会等多角度的目标协同，可以有效应对更加复杂的现实挑战。

科学技术赋能乡村振兴过程当中存在着许多痛点问题，首当其冲的是乡村数字化资源碎片化问题。当前，许多乡村地区的数字化服务平台往往存在条块分割现象，不同部门和领域的数据、资源无法进行有效整合，意味着这些不同的数据和资源难以得到有效利用。乡村振兴是一个复杂的任务，是需要由各方协作才能够达成的目标，依靠单个部门是不可能实现的。而数据和

---

① 李群，冯永利. 科学技术助力脱贫攻坚与乡村振兴 [J]. 金融电子化，2020(11)：60-61.

资源难以有效整合，就意味着当地很难形成统一的凝聚力和行动力，这会对乡村振兴工作造成阻碍。构建协同配套的数字科学技术服务平台，通过打破数据壁垒，构建统一接口，来实现信息的高效流通。当前多数乡村地区的科学技术应用水平普遍低于城市，具有非常突出的数字鸿沟，这也是影响乡村振兴目标实现的重要问题。多数乡村地区的居民受教育水平低，科学技术素养不足，难以应用先进科学技术来完成农业生产等重要工作。构建协同配套的数字科学技术服务平台可以进一步降低技术门槛，集中大量的技术资源，为基层地区的居民提供更简单易学的数字化工具，帮助其在短时间内构建对于科学技术的系统认知，使其具有一定的科学技术素养来完成相对简单的生产工作。城乡科学技术资源的分布不平衡是乡村发展的重要障碍，构建协同配套的数字科学技术服务平台能够通过共享云端资源，将优质的科学技术资源(如专家咨询、大数据分析等)向农村地区倾斜，从而弥补农村地区在技术、资金、信息等多方面的不足。另外，构建协同配套的数字科学技术服务平台还可以为弱势群体提供更多支持，可以为小农民、贫困户或边缘化群体设计个性化的支持模块，例如，可以为其提供低成本的生产建议或自动匹配相应的补贴政策等，从而增加这类人群在乡村振兴中的参与度和受益水平。在乡村地区，这类人群所占比重较大，构建真正的协同配套的数字科学技术服务平台能够为弱势群体赋能，提高其包容性。

乡村振兴是非常复杂的、系统化的工程，所涉及的政策内容也是复杂多样的，除了农业生产，还包含了生态、文化等众多领域①。这就导致基层领导干部难以在众多政策内容中对乡村振兴形成一个系统化、详细的认知，进而影响到下一步的决策和方案的制定，因此构建协同配套的数字科学技术服务，平台能够通过智能匹配技术和数据分析功能提高政策实施的精准性和实效性，避免资源浪费。很多农村地区缺乏专业的人才，如科学技术人才、管理人才等，导致很多先进技术在农村地区无法落实，构建协同配套的数字科学技术服务平台可以通过智能化手段简化不必要的操作流程，增强技术普及性，减

---

① 徐宁，付罗莎. 数字生产力助推乡村振兴的价值意蕴及实践路径 [J]. 哈尔滨师范大学社会科学学报，2024，15(06)：54-58.

少乡村地区对高端人才的过度依赖，同时也有利于其培养自己的技术型人才。在乡村地区，传统的发展模式多采用单点发力，例如推广农业技术、构建电子商务平台等。由于单一的方法所起到的作用有限，未能在农业生产的各个环节中都发挥出作用，难以形成产业链上下游协同和闭环管理。构建协同配套的数字科学技术服务平台则可以改变这种单点发力的模式，变成全方位多点发力，通过技术、数据、政策内容的深度整合，可以构建从农业生产、市场流通、社会治理到生态保护的完整闭环。此外，构建协同配套的数字科学技术服务平台还有助于实现乡村振兴的全周期管理，不仅支持生产端的智能化操作，例如耕种、收割等环节的智能操作，还能够延伸到生产之后的各个环节，包括农产品物流、电子商务平台销售以及消费者追溯等，可以为整个农业生产提供全周期的服务，从而实现效益最大化。

　　构建协同配套的数字科学技术服务平台可以通过大数据分析和市场预测，帮助农民优化种植结构、制订科学生产计划，提高农业效益。例如，通过实时监控和数据分析，提升农产品质量和产量，使乡村农业具备更强的市场竞争力。此外，构建协同配套的数字科学技术服务平台还能够加快城乡之间的要素流动，实现资源的高效配置。例如，平台可以实时发布城市消费需求，帮助农民调整生产计划，实现生产与消费的无缝衔接，缩小城乡差距。构建协同配套的数字科学技术服务平台，还可以提高农村基层治理效率，可以通过移动端应用实现精准扶贫动态监测和资源分配，推动乡村社会的和谐发展。除此之外，构建协同配套的数字科学技术服务平台还可以加速乡村地区的绿色发展和生态文明建设，可以通过生态监测模块为农民提供精准的环境数据支持，对其农业生产工作进行科学指导，帮助其科学施肥、合理用水，减少对生态环境的破坏，提高资源利用率，促进乡村地区的可持续发展。在科学技术赋能乡村振兴的过程中，构建协同配套的数字科学技术服务平台不仅是现代化手段的集成，更是推动乡村全面振兴的系统性解决方案。它打破了传统治理和发展模式的局限，为提升乡村经济、社会和生态效能提供了新动能。

三、调动农民积极参与

在科学技术赋能乡村振兴的过程中，坚持调动农民的积极性，使其积极参与不仅是政策实施的关键环节，更是确保乡村振兴可持续发展的核心要素。农民既是乡村振兴的直接受益者，也是乡村振兴的实践主体和创新力量。乡村振兴本身就是以农民为主体的系统性工作，科学技术赋能也只有通过农民的实际应用才能够转化为生产力，体现以人为本的发展理念，因此让农民参与到乡村振兴的工作当中是非常重要的。农民作为乡村地区的主体，也是乡村地区的重要组成部分，如果不尊重农民的主体地位，不引导农民去积极接受新技术和新知识，乡村振兴的实施就缺少出发点和立足点。乡村振兴本身就是为了促进城乡融合发展，提升当地居民的生活水平，农民参与其中可以实现从被动接受到主动创造的转变，从而成为乡村发展的重要驱动力。乡村地区固然存在很多的限制条件，影响科学技术赋能的效果，但乡村地区的发展依然依赖内部动力，而非单纯依靠外部的力量。以政府和企业投资为例，大量资金和人力资源的投入固然可以解决农村地区一时的问题，但如果农村地区自身缺少足够的发展前景和发展可能性，缺乏对外部投资和外部专业人才的吸引力，仅仅依靠外部力量的支持和外部资源的输入是无法完成乡村地区产业转型升级的。农村地区内部动力的主要来源就是农民，农民的知识积累、实践创新和集体行动能够将科学技术融入本地实际生产工作当中，从而形成乡村经济和社会发展的良性循环，只有确立内生增长的逻辑，才能够使乡村发展具有更多新的可能。科学技术的受益者是农民，科学技术的使用者依然是农民，政府出台的政策和外部资源的引入仅仅是科学技术赋能的起点，为其提供了一个可能性，但要想使政策实际落地并且保持有效性和长效性，仍然要依赖农民自身的主动性。只有农民不断进行主动学习、适应和创新，才能够实现政策目标的落地和技术的可持续应用；如果农民自身缺乏主动性，乡村地区的发展就会失去一个重要的动力来源，即使在短时间内取得了一定的效果，也是无法长期维持的。

在科学技术赋能乡村振兴的过程中，科学技术的推广和应用也存在着

"最后一公里"的问题。在农村地区进行科学技术的推广和应用时，通常存在着"最后一公里"的瓶颈，即科学技术虽然已经到达了基层，但是在基层的实际应用效果却非常有限①。这通常与农民自身的思想观念有关，如果农民对科学技术存在排斥心理、抵触情绪，自然不会去主动学习，仅仅依靠专业的技术人员去进行推广，是无法改变乡村地区现状的，只有农民主动学习，主动去理解并尝试接受新技术，才能够将科学技术成果转化为具体的生产力。大多数乡村地区由于自身条件的限制，长期面临着技术型和管理型人才缺乏的问题，而人才的严重缺乏必然会阻碍当地经济的发展。农民通过提升自身的能力，成为技术应用的主要执行者和推动者，可以缓解乡村地区对外部技术专家的过度依赖。俗话说，授人以鱼不如授人以渔。仅仅通过吸引外地人才是无法改变乡村地区现状的，吸引人才之后如何留住人才又是一个新的难题。为了吸引和留住人才，乡村地区往往需要耗费自己本就不多的资源向这些专业人才倾斜，且最终效果往往也不尽如人意。因而，应引导农民积极参与到乡村振兴的过程当中，使农民成为科学技术的应用者和乡村地区的治理者。农民本身对当地环境较为了解，对当地的文化具有更深的认同感，将会以更大的热情投入乡村的治理和振兴过程当中，从而缓解当地人才不足的情况。

目前，农村社会的生产方式仍然是传统的小规模式的生产方式，分散生产和个体生产是其主要的生产特点，而这种生产特点又限制了科学技术推广和应用的规模效应。调动农民积极参与到科学技术推广和应用当中，有助于推动合作社、产业联盟等新型农业经营主体的发展，从而实现规模化效益。调动农民的积极性有助于促进农民之间的合作，相比传统的小规模的生产方式，这种集体行动的最大优势就是可以整合单个农民的资源，最终达到"1+1>2"的效果，每一个农民都可以从中受益，在降低自身经济成本的同时可以提升产量和经济效益。科学技术赋能乡村振兴是一个正确的发展战略，从大方向来说是科学的，但在具体落实方面仍然需要与各地的自然条件和经济特点互

---

① 郭岩福. 农业机械化助力乡村振兴 [J]. 新农民，2024(31)：106-108.

相匹配和适应。科学技术赋能在具体实践过程当中具有一定难度，要想使科学技术在乡村地区发挥出更大的作用，必定要选择合适的科学技术。例如，试验阶段的科学技术成果和最终应用到实际生产工作当中的科学技术成果可能在某些细微方面会存在差异，这正是科学技术本土化的一个重要表现。如果没有这种本土化，科学技术可能无法在乡村地区发挥出应有的作用，农民的实践经验正是这种技术本土化的关键，通过引导农民积极参与其中，可以将科学技术和当地的种植特点相结合，从而推动科学技术在地方条件下的优化。在科学技术赋能乡村振兴过程中，农民的积极参与不仅是政策实施的必要保障，更是乡村振兴的内生力量。因此，应该从多方面调动农民的主动性和创造力，使其真正成为科学技术赋能的核心力量，为乡村经济、社会和生态的全面振兴提供不竭动力。

四、强化人才保障

在科学技术赋能乡村振兴过程中，强化人才保障是实现乡村全面振兴的重要基础和关键抓手。人才既是科学技术创新的载体，也是技术推广和应用的核心推动力。乡村振兴的本质是以人为核心的现代化进程，以人为本是重要的发展理念，要想使乡村地区得到高质量发展，技术与资本固然重要，但如果没有高质量的人才作为载体，科学技术赋能也难以转化为实际生产力，因此，人才是连接技术、资源与发展的关键要素。人才与技术是共生关系，两者之间有非常紧密的连接。技术需要人才的参与才能够不断革新进步，而人才也需要以科学技术为基础不断提升自己的实力。科学技术在乡村地区进行推广和应用时必然需要专业化人才队伍的参与，仅仅依靠农民自身是无法完成科学成果落地的，因此，二者共同构成了乡村现代化的核心动力。专业人才在乡村社会现代化发展的过程中是不可替代的重要力量，人才的引领作用不仅体现在科学技术的推广方面，在乡村治理、产业创新和文化复兴等各个方面都发挥了重要作用，因此，人才保障是技术赋能的重要支撑，同时也是促进乡村转型发展的重要推动力。

强化人才保障不仅仅是乡村振兴的需要，也是当前制约乡村地区发展的重要难题和现实需求。如今，大多数乡村都面临着人才短缺的问题，城市化进程的不断加快，使得城乡之间的经济差距愈加明显，农村出现了大量劳动力，尤其是年轻高素质人才的严重流失。这部分人群更倾向于远离农村、走向城市，导致乡村地区面临着严重的人才流失问题，严重制约了科学技术赋能乡村振兴的效果。而农村地区现有的技术推广体系建设并不完善，存在人力不足、服务能力偏弱等诸多问题，难以满足现代农业技术推广对专业化人才的高需求。强化人才保障对科学技术赈能乡村振兴具有重要的作用，人才是科学技术和实际生产对接的桥梁，专业人才所承担的重任并不仅仅是对科学技术进行推广和应用，更重要的是帮助乡村地区的居民将前沿的科学技术转化为可操作的生产模式。强化人才保障意味着要使科学技术从理论层面落实到实践生产当中，使实验田里的科学技术成果"下地"，成为农民生产生活的真正助手，提升乡村经济效益。此外，强化人才保障还有助于推动乡村产业结构的优化升级，高素质人才能够识别本地资源优势与市场需求的结合点，从而利用科学技术推动农业向精细化、高附加值方向发展，同时带动第一、二、三产业融合，实现乡村经济的转型升级。

强化人才保障能够从根本上激发乡村地区可持续发展的内生动力，减少对外部资源和技术的依赖，实现"造血式"发展模式[①]。此处所说的强化人才保障不是单纯地引进外部人才，更多的是依靠本土的人力资源来构建属于自身的人才保障。例如，可以通过本土人才培养计划，推动当地中小学与科研机构或高等学校之间开展联合培养合作，也可以针对某一专业开展具体的人才培养合作。通过培养本土人才来推动乡村地区形成自主创新能力，减少对外部人才的依赖，同时还可以节省乡村地区本不富裕的资源，将其用于乡村发展当中。强化人才保障还可以缩小城乡之间的发展差距，通过引进和培育更多高质量人才，乡村地区能够享受与城市类似的高质量技术服务和管理支持，提升乡村整体发展水平，从而缩小城乡差距，助力实现共同富裕目标。此外，高素质人才队伍的建设还有助于乡村打造经济竞争新优势，使其在地

---

① 周重. 乡村振兴战略下推动乡村人才振兴的困境与出路［J］. 新西部，2024（10）：118-121.

区全球化竞争中占据更有利的位置。例如，通过农业科学技术专家和电子商务人才的协作，乡村特色农产品可以打开销售渠道，减少中间环节，快速进入国内外市场，从而提升乡村经济的国际化水平。强化人才保障对于推动乡村社会现代化具有重要意义。人才是实现乡村社会现代化的重要引擎，从教育、医疗到文化服务各个领域都需要人才的参与，只有具有足够的人才保障才能够全面提升村民的生活质量，加速实现乡村全面现代化。

在科学技术赋能乡村振兴过程中，强化人才保障不仅关乎乡村发展的当下需求，更涉及制度创新、知识传播路径优化和乡村文化现代化等更深层次的逻辑。人才保障是乡村振兴政策落实的核心环节，科学技术赋能乡村振兴需要构建高效的技术供需对接机制，而人才是这个过程中的重要"桥梁"。科学技术研发机构生产的技术成果只有通过具备实践能力和传播意识的专业人才，才能迅速传递到乡村基层，实现从"供给导向"向"需求导向"的转变，避免技术供需错配。强化人才保障可以使政策具有协同性与长效性，有助于弥合不同部门间的政策裂痕，形成科学技术、教育、农业、环保等多个领域的联动协作。具备跨领域知识和实践经验的人才，可以协助完善乡村振兴的综合性政策设计，推动技术赋能从短期效应向长效机制的转化。人才是技术传播与本土化的关键节点，可以推动技术的适应性转化，不同乡村地区的自然条件、经济水平和社会习俗差异显著，导致标准化技术难以直接应用到实际生产当中。这时就需要具有本土知识的当地人才或深入农村的科学技术人才发挥重要作用，这些人才可以结合当地的实践经验，对相应的科学技术进行调整，使其更符合地方的实际需求，促进技术适应性转化。

专业人才不仅可以促进乡村地区的经济发展，还可以充当乡村社会结构变化和转型的催化剂，乡村振兴的目标不仅是经济发展，还包括劳动力素质的全面提升。高水平人才的引入和培养可以为乡村地区的发展注入新的活力，这些人才作为新鲜血液能够刺激当地农民在生产工作中做出相应的转变，同时还能够引导乡村劳动力向更高层次的知识型和技能型岗位转移，推动劳动结构从传统农业向现代农业及非农产业转型。此外，强化人才保障还有利于重塑乡村社会的治理结构。现代化乡村治理与传统治理不同，需要更多专业化和信息化手段的支持，而这离不开具备管理和科学技术背景人才的帮助，通过人才的引导，使用大数据优化资源分配，重构乡村治理模式，以现代管理工具提升基层组织的运行效率。强化人才保障还可以激发乡村社会资本的重建，很多乡村地区长期面临着人才流失的问题，与之相伴的就是乡村社会资本的逐渐弱化。强化人才保障能够有效弥补这一缺口，通过组织合作、社区文化建设等多种方式有力推动乡村社会资本的再生产，从而增强乡村地区的内生发展动力。在科学技术赋能乡村振兴的过程中，强化人才保障不仅是确保政策有效落实的核心条件，也是推动乡村全面振兴的战略基石。因此乡村地区应积极建立完善乡村人才保障体系，确保科学技术赋能真正实现乡村经济、社会和生态的全面发展，为实现共同富裕和国家现代化目标提供坚实的人才支撑。

五、突出科学技术带动，发展特色产业

在科学技术赋能乡村振兴过程中，突出科学技术带动发展特色产业是实现乡村经济高质量发展和多功能现代化的重要路径。这不仅涉及乡村经济模式的优化和升级，还与生态保护、社会治理、文化传承等紧密相关。在乡村振兴过程当中，科学技术是第一生产力，科学技术的进步能够显著提升农村地区的生产效率，同时还能够降低生产成本，并为当地特色产业的开发提供创新工具。乡村地区之间存在着共性与差异性，差异性是乡村地区提升自身核心竞争力的关键所在，因此，发展特色产业是乡村地区实现经济可持续发展的关键路径。特色产业顾名思义是具有自身特色的产业，与其他地方的产业具有明显的不同，正是这种差异性和独特性，才能够吸引更多的消费者和游客，获得更广阔的市场发展空间。发展特色产业是立足于本地资源优势和市场需求，核心在于利用自身的差异化优势来构建核心竞争力。科学技术赋能能够推动传统的特色产业向高附加值和高科学技术化方向转型，从而增强乡村经济的韧性和生命力。科学技术与产业发展之间是相互促进的关系，科学技术能够通过技术集成和知识创新来推动乡村地区特色产业的产业链延伸和价值链提升，而特色产业的发展和壮大又能够为科学技术的推广提供更大

的实践平台，从而形成两者之间双向反馈的良性循环。

科学技术赋能可以提升特色产业的核心竞争力，实现高效生产与精细化管理，特色产业的核心在于独特的产品或服务，其生产和管理往往涉及较复杂的流程。而科学技术赋能能够在这方面发挥巨大的作用，例如，现代智能农业可以利用传感器、卫星遥感、无人机等技术，实现精准监测和数据采集，帮助农民实时掌握气候、土壤湿度和作物生长状况。此外，科学技术赋能可以推动乡村地区的产业升级与创新，科学技术赋能能够帮助乡村特色产业从单一的原料生产向深加工、高附加值产品转型。例如，在茶叶产业中，引入现代化的萎凋、杀青、揉捻等制作工艺和烘焙设备，可以实现生产过程自动化和标准化，从而提高产品的品质和产量。在茶叶加工的后期，可以结合生物技术和食品科学，研制出具有特定功能的茶饮料，如减肥茶、抗氧化茶等，吸引不同市场需求的消费者。此外，科学技术还能够促进乡村产业与其他领域的跨界融合，帮助农村地区形成自己的特色产业，例如可以将农业与旅游、文化产业结合，开发出具有文化内涵的农业产品，拓宽了市场并提升了产品附加值。利用3D打印技术，可以生产定制化的农业设备或农业产品部件，满足特色产业在设备和加工方面的个性化需求。通过这些科学技术手段，乡村特色产业不仅在生产端得以升级，还在产品创新和市场拓展方面实现了突破。

由于科学技术应用水平较低，当前乡村地区的发展面临着许多问题，传统农业以粗放型生产为主，所生产出来的产品质量较差，产量和品质都无法得到有效保障，难以适应现代市场的多元化需求，这对于市场这一需求方和农民这一生产方而言都是弊大于利的①。特色产业的发展则需要更多科学技术成果的介入，从而推动乡村地区的生产模式由传统的劳动密集型向知识密集型和技术密集型进行转变。但是，很多乡村地区本身的特色资源利用率不足，没有发挥出其最大的作用，同时由于管理能力较低，很多乡村地区的特色资源没有得到有效利用，未能形成品牌效应。部分乡村地区具有较高的相似性，因此存在着严重的同质化竞争现象。科学技术带动可以有效解决这一问题，

---

① 白云萍. 数字农业赋能乡村振兴路径研究［J］. 陕西农业科学，2024，70（10）：112-115，120.

通过技术创新和产品升级，可以推动不同地区之间形成差异化竞争格局，从而发展更具独特性的特色产业。由于科学技术参与程度较低，很多乡村地区的特色产业存在产业链短和附加值低的情况，很多特色产业还停留在初级加工阶段，经济效益较低，而科学技术赋能能够推动产业链延伸，可以通过深加工技术来提升产品价值，也可以通过信息技术拓展销售渠道。传统特色产业的发展往往对资源依赖度高，容易引发环境问题，科学技术带动的发展方式能够通过绿色技术和循环经济模式，降低特色产业对当地的资源消耗和环境压力，从而实现生态友好型发展。

突出科学技术带动发展特色产业是必要的，当前乡村地区的传统农业发展模式面临诸多问题，很多乡村依赖单一的传统农业生产，产业结构单一，抗风险能力较弱，难以满足市场多样化需求。同时，随着市场开放和全球化进程加速，乡村发展面临着更加复杂的竞争环境，仅靠传统方式难以占据较大优势，必须依靠科学技术赋能发展特色产业，提升竞争力。即使是乡村地区，由于地理位置、当地环境、经济发展等多方面的不同，也存在着较为明显的区域差异。部分乡村地区本身具有丰富的资源，但开发不足导致当地经济发展一直处于落后状态，在这种情况下，科学技术的作用就十分重要，通过科学技术带动发展特色产业，从而实现当地的经济崛起。乡村振兴战略要求因地制宜，充分发挥各地特色资源优势，而科学技术是精准识别、优化利用和持续提升这些资源价值的核心工具。通过科学技术手段可以优化乡村地区的种植、养殖、加工等生产环节，显著提高生产效率和产品质量。另外，依靠绿色科学技术发展生态型特色产业(例如种植耐旱经济作物、发展生态旅游等)还可以在保护环境的同时创造经济效益。科学技术赋能特色产业不仅是推动乡村振兴的核心手段，也是实现经济可持续发展的重要途径。通过对精准生产、资源循环利用、社会发展促进及国际化拓展等方面的努力，科学技术与特色产业的深度融合将在乡村振兴的进程中起到不可替代的作用。

第六章　科学技术赋能乡村振兴的
现实困境及成因

第一节　科学技术赋能乡村振兴存在的问题

一、乡村基础设施建设不完善

在科学技术赋能乡村振兴的过程中，乡村基础设施建设不完善是制约乡村发展的重要瓶颈，其中，乡村地区道路通达性不足是影响乡村全面发展的关键性问题，这不仅会影响到相关资源要素的流动，同时也在很大程度上对先进技术和管理手段的引入与落地造成了很大的阻碍①。农村要发展，交通是基础。我国地貌类型多样，狭窄且年久失修的道路在大部分乡村地区比比皆是，很多乡村都存在经济不发达、地理位置偏僻等特点，有的坐落在海拔较低的山谷当中，有的则位于海拔较高的山顶位置。这些偏远地区交通不便，农业发展所需的设备、物资以及专业人员无法顺利进出，直接造成当地农业发展更加艰难，导致这些本就偏远且贫困的地区的技术推广和现代化农业建设更加缓慢，严重影响了乡村的长久发展。路网覆盖不足也是乡村地区存在的普遍问题，很多乡村地区都缺乏全面的路网规划，整体的路网布局也缺乏

---

① 唐俊. 乡村振兴视域下数字乡村建设的提升路径 ［J］. 农村科学实验，2024（20）：184-186.

科学、系统的特征，村与村之间、乡村与县城之间的道路没有足够系统性、科学性的联通和规划，使其出现了断点多且孤立化的特征。我国仍然有很多的偏远村落至今没有贯通主要交通干线的道路，小型汽车很难顺利进出村落，更不用提中大型客车。很多农村地区的村民进出依然是依靠小路或者摩托车道，这必然会影响到整个地区的经济发展。

此外，在道路建设方面，乡村地区本身的经济状况也会影响到道路建设的完整性。对于贫困的乡村地区，政府和国家会在道路建设方面给予补助和支持，但在后续的道路使用和维修等方面，仍然需要乡村自行承担。因此，对于经济较发达的乡村而言，通常可以优先获得更多的道路建设资源，同时也有足够的经济能力承担后续道路的修缮工作。而部分经济落后且地形复杂的乡村地区容易被忽视，导致当地交通不发达，甚至长期处于封闭状态，直接阻碍了当地农业生产资料的输入和农产品的输出，严重影响了当地的经济效益。另外，很多乡镇地区的道路当中低等级道路占比过高，直接影响了当地的运输效率，当出现雨雪天气时，道路会存在明显的泥泞、积水、结冰等问题。如果一些地区处于洪水区，在汛期甚至会被完全隔绝，这种季节性的通行困难不仅影响到当地日常的交通情况，还直接限制了技术设备和生产资料及时的进入。科学技术赋能乡村振兴意味着科学技术在其中所起到的作用十分重要，而部分乡村地区的道路通达性不足导致了新型交通工具无法驶入，自然也就无法顺利运输现代科学技术设备。而现代农业想要转型升级发展，大型机械设备和无人机等现代科学技术工具的使用是必不可少的，这些工具只有应用于乡村生产才能够使乡村产业在规模和等级上拥有更多的可能性，但是现有的乡村道路条件是远远无法满足其需求的。如今，一些乡村地区的道路宽度和承载力仍然有限，无法使大型联合收割机或拖拉机顺利进入，在农业丰收季节无法按时完成收割工作，直接降低了当地农业生产的机械化水平。

道路通达性不足还会导致物流配送能力的欠缺，当今我国大多数乡村地区仍然未能全面覆盖物流网络，这使得新鲜的农产品和农业生产资料无法及时得到高效的流通，直接制约了电子商务助农等科学技术的赋能。物流配送能力是连接生产与消费两者之间的重要桥梁，这意味着物流配送能力的不足会直接影响到乡村地区的经济发展和当地居民生活水平的提升，而直到目前，物流配送能力不足仍然是大多数乡村地区所存在的共通问题。很多乡村地区的物流节点通常集中在乡镇一级，而非覆盖到村级，甚至部分偏远农村根本没有物流站点，当地居民只有前往上一级的乡镇物流中心才能够完成货物的取送，这极大增加了当地的交易成本和居民的生活成本。虽然当前物流网络在城市的覆盖面较广，但现有的物流网络规划工作依然是围绕着城市或者城市边缘的乡村进行的，关于城乡之间的物流网络连接则仍然被忽视。在建设物流网络过程中也很少会考虑到农产品的交易需求，导致乡村地区农产品的上行通道不畅，难以有效对接到城市市场，城市的消费需求和农村的交易需求均无法得到满足，其中，物流网络布局的不合理和建设的不全面起到了关键性的制约作用。

物流配送能力不足的问题还具体表现在配送效率低下。乡村地区的市场其实是一个非常庞大有待深度挖掘的市场，针对农村需求所需的投入成本应比经济发达的城市地区更多，而出于种种原因，物流企业对于农村市场的投入是普遍缺乏的。乡村地形复杂，需要更多具有强大性能的专用车辆，而这又需要一定的成本。很多农村地区的配送线路规划不合理导致了资源的浪费和配送效率的低下，使得物流企业放弃对农村市场进行深度开发，而缺乏足够的物流配送能力和完善的道路交通网络又导致了乡村地区无法得到有效的发展，如此形成了一个恶性循环，难以使乡村地区在经济方面得到有效发展。此外，乡村地区"最后一公里"的问题非常突出，部分村庄地处偏远，地形复杂交通不便，这意味着有高昂的配送成本，对于普通的物流企业而言，是很难覆盖到这些领域的，因此大多数物流企业通常只能够送到乡镇级的物流站点，根本无法进入村落当中。对于乡村地区的居民而言，需要花费更多的时间和精力自行取货送货，既影响了效率，又增加了经济成本。目前我国的物流企业当中，只有国家企业邮政能够解决"最后一公里"的问题，而这也需要付出极大的时间和金钱成本，对于追求经济效益的普通物流企业而言，想要解决这一问题是具有极大困难的。

　　此外，物流信息化水平较低也是影响乡村地区经济发展的重要原因，在乡村地区物流配送过程当中，信息技术的应用是严重滞后的，同时也存在智能化配送工具不足的问题。山村地区的地形较为复杂，很多小路没有被及时收录到地图导航当中，数据采集和传递手段的落后，导致了物流配送环节存在着明显的不透明情况，对于农产品货物的运输状态是无法进行有效实时跟踪的。而物流企业在乡村地区的投入不足，又导致缺乏足够的智能化配送工具，例如，部分经济发达地区已经实现了自动化仓储、无人机配送等先进的物流技术，而乡村地区却是连"最后一公里"的问题都没能得到有效且完善的解决。这种先进的物流技术自然是无法落地的，这也导致农村的物流依然只能够依赖于传统的人力运输方式，不仅配送效率低而且需要更高的成本，使很多物流企业被迫放弃了广阔的乡村市场，而这一问题又无法仅仅依靠企业单方面解决，也是严重影响乡村地区经济发展的重要因素。

　　乡村地区不仅交通基础设施建设不完善，农业生产方面也存在基础设施建设不完善的情况。对于大多数乡村地区而言，水利和能源的基础设施建设是非常重要的，对于当地农业生产和居民的日常生活起到了重要保障作用。科学技术的应用和发展都离不开稳定的水电供应，但在部分乡村地区，基础设施建设的不足导致科学技术赋能效果受到了一定的限制。对于大多数乡村地区而言，农业生产是其重要的经济来源，也是当地居民的生活保障，因此水利设施的建设是非常重要的。目前部分乡村地区存在水利设施建设滞后的情况，严重者甚至出现了明显的老化，比如，部分乡村地区的渠道在设计方面存在着容量不足、设备破旧失修的情况，既无法满足现代农业生产的用水需求，也使灌溉效率的低下，无法满足当地农业用水的同时还存在着一定的水资源浪费情况，进一步加剧了农村地区的资源紧缺的问题。

　　除了水资源，农村地区电网覆盖不足也影响着现代农业的发展，很多农村地区的供电质量较低，尤其是落后的偏远地区，仍然存在着电力供应不足的情况，有时会出现间歇性的中断，这种不稳定的能源保障无法使机械化设备和智能技术得到有效的推广和使用。例如，要想大规模种植经济效益高的农产品，温室大棚是必不可少的，而在这一过程当中，灌溉使用的电动泵、温室大棚的控制系统等都对当地的电量供应具有较高的要求，而能源基础设施建设滞后的情况会直接影响到现代农业的发展，进一步限制了乡村可持续发展的潜力。另外，对于部分乡村地区而言，水土资源的流失也是影响当地经济发展的重要因素，很多农村地区由于地形复杂、经济落后、居民思想落后等因素，导致当地的水土资源无法得到有效的保护和修复。当前很多乡村地区存在着表土流失、河流污染等严重影响当地作物生长的问题。出于种种原因，这些问题在短时间内无法得到有效的解决，导致当地农业生产的可持续性被进一步削弱，同时也制约了科学技术赋能生态振兴的进程，严重影响了当地的发展，而这是需要多方面协调和配合的，只有这样才能够使科学技术在乡村焕发出应有的活力。

二、乡村科学技术人才较为欠缺

在推动乡村振兴战略的过程当中，科学技术作为重要驱动力，对于乡村地区在农业生产力提升、资源配置优化、产业多样化发展等多方面发挥着重要的作用①。然而，乡村地区科学技术人才的匮乏成为制约乡村地区科学技术成果转化与应用的主要瓶颈。科学技术人才的欠缺表现在人才数量不足、人才结构的不合理、能力与需求的不匹配以及留不住人才等多方面。首先，乡村科学技术人员数量不足是首要问题，也是最明显的表现，为了促进乡村地区的经济发展，很多地区都设置了相关的工作岗位，但是由于缺乏足够专业的科学技术人才，这些岗位通常都是由非专业人员兼任，甚至很多乡村地区的专业岗位长期处于空缺状态，导致了科学技术推广方面存在着明显的不足。例如，部分乡村地区虽然配备了较为先进的硬件设施，但由于缺乏具有专业知识的技术人才，这些科学技术设备难以得到有效的利用。同时，乡村地区地处偏远，经济较为落后，即使有编制也很难吸引到更多的专业人才。本身基层的在编人员数量有限，很多地区为了减轻财政压力，甚至进一步缩减了本就不多的编制岗位数量和科研经费，这导致科学技术在乡村的推广和应用

---

① 李业明. 数字技术助力乡村振兴的学理逻辑与实践策略 ［J］. 农业经济，2023（12）：40-42.

进一步受阻。想要使乡村地区得到长久的发展，教育资源仍然是其中重要的推动力，然而，由于城乡教育资源分布不均，很多乡村地区的基础教育水平较低，乡村的青少年无法在本地获得更高质量的教育，很多青少年要么早早结束学业，要么去其他地方接受教育，这都使农村地区本身缺乏科学技术人才储备，只能通过社会招聘的方式来争取人才，以编制吸引其他地区的专业人才，但往往无法吸引到足够专业或足够数量的科学技术人才。而吸引到的人才又因为对当地环境的不适应、对当地文化的不了解以及对当地发展状况的不熟悉，在工作当中迟迟进入不了状态，也很难在短时间内改变农村地区这一现状。很多时候，农村地区的编制反而成为一些无法长期深耕在农村地区，专业人才的跳板，较高的人才流失率又影响到了当地科学技术的推广。

此外，很多乡村地区都存在科学技术人才结构失衡的情况，高层次人才和技术技能型的专业人才较为稀缺，特别是农业工程、农业信息化等领域，导致现代农业科学技术在乡村地区的发展受到了极大限制。很多乡村地区的农业生产依然依赖人工和传统的经验，除了高层次人才，专业的技术技能型人才也较为缺乏，例如，会使用、修护大型的现代化农业机械设备的人才较少，导致了很多地区即使有相关设备，也容易出现闲置或者故障率高的情况，影响到使用效率和经济效益。另外，人才本身的能力和当代乡村地区的发展需求不匹配也是重要问题，很多乡村地区引进的人才通常具备一定的学术知识，却没有足够的生产经验，甚至在拥有乡村地区的编制之前都没有经历过乡村生活，因此在实际的工作当中无法有效地解决乡村的实际问题。例如，在面对复杂的作物病虫害问题时，部分技术人员并不能够给出具有可操作性的解决方案，依然要依靠当地居民传统的防治经验。农村除了发展农业生产，还发展了种植业、旅游业、养殖业等多种产业，而乡村地区现有的科学技术人才本身所具有的专业知识更多的是集中于传统的农业领域，因此对于一部分想要转型升级的现代农业乡村而言，这类人才并不能够满足其多元化的发展需求，也会影响到农村地区的发展潜力。

除了引进科学技术人才，如何留住科学技术人才也是当前许多乡村地区所面临的重要难题之一。目前很多乡村地区普遍缺乏人才的政策支持，例如，可以为科学技术人才提供的优惠政策，包括住房、教育、职业发展等配套支持设施，这些对于人才而言具有强大的吸引力，也是留住人才的重要措施。但乡村地区本身经济并不发达，资源有限，因此很难满足人才发展的需求，这也导致乡村地区对于外来的科学技术人才吸引力一直比较低，难以吸引到足够数量和质量的专业人才。同时，科学技术人才在乡村地区的职业发展空间有限：虽然农村的科学技术水平较低，从理论上来说应该存在较大的发展空间，但这是一个长期的过程，很难在短期内取得成效，而且这也并非仅靠少数人才能够实现的。对于技术人员而言，更加重视的是自己本身的职业生涯，而乡镇地区由于自身的缺陷，无法为其提供更多的成长机会，这也导致科学技术人员的职业发展有很明显的瓶颈期，很容易使引入的人才在经过一段时间后转向其他领域，或者选择离开乡村，寻找其他更好的发展。相比起城市而言，农村地区的薪酬水平更低，而且劳动强度更大，环境也更加艰苦，很难吸引到更专业的技术人才。一般而言，如果不是出于对乡村的热爱或对乡村文化的认同，是很难长期坚持在乡村地区工作的，而这又会加剧乡村人才的流失，影响到科学技术赋能的效果，但解决这一问题是需要综合施策的，只有从根本上破解乡村地区科学技术人才短缺的难题，才能够充分释放出科学技术赋能乡村振兴的潜力，从而推动乡村地区农业现代化和农村的可持续发展。

三、科学技术成果转化率有待提升

在实施乡村振兴战略过程中，科学技术的应用具有重要的作用，不仅可以提升农业生产效率，还可以优化乡村地区的产业结构，促进当地的经济发展[①]。然而，在实践中发现，乡村地区普遍存在科学技术成果转化率较低的情况，这导致科学技术赋能的效果一直未能充分显现出来。科学技术成果转化率低会直接影响到乡村地区科学技术的推广和应用，科学技术成果转化与乡

---

① 文丰安. 人工智能助推乡村振兴发展的现状与路径探析 [J]. 江淮论坛，2022(06)：65-70.

村地区科学技术的推广和应用本是一个相互促进的良性循环，但如果科学技术成果一直未能成功转化为经济效益，对于乡村地区而言，必然会制约其发展。当前科学技术研发的重点领域和方向仍然是偏向于城市化产业的，对于农业生产和乡村地区的研究力度存在明显不足，很多科研项目在农村地区的实施并不顺利，也缺乏针对性，导致项目无法落地，这使得最终的研究成果不适用于乡村地区，其本身的价值在乡村地区受到了限制。例如，乡村地区的地形地貌是常复杂，不同地区的环境也存在很大的差异，很多专业的农机设备本身设计较为复杂，适应性较差，实用性较低。而农村地区需要的是更耐用的机器，这种投入力度大、研发成本高、后续维护费用高、维护手续麻烦的机器显然无法适用于乡村地区的农业生产，自然难以有效推广和使用。

随着现代社会的不断发展，乡村地区的经济发展模式也更加多样化，除了传统的农业生产还包括了林业、养殖业、乡村旅游等更多产业。然而，目前我国针对乡村地区的科学技术成果通常是集中于大宗作物的生产技术，对于一些小规模种植特色产业以及绿色农业的关注并不多，这种单一化、传统化的科学技术供给模式显然无法满足当前乡村地区多元化的发展需求。另外，科学技术成果面世之后如何将其有效的推广，使其得到更有效的应用是面临的难题之一。很多科学技术成果进入市场之后，由于具有较高的技术门槛，导致在乡村地区无法得到有效推广。普通的农民缺乏足够的专业知识和相应的技术能力，难以掌握这些科学技术成果，而专业的科学技术人员又无法将更多的时间和精力投入科学技术成果的推广和应用当中，导致研发出的成果在实际应用过程当中无法发挥出应有的价值。例如，现代农业涉及的先进技术包括了物联网、大数据、遥感等，但对于乡村地区而言，大多数劳动力并没有足够的知识和技能，因此即使有相应的技术也没有人会使用、敢使用、想使用，导致这些技术在乡村地区难以落地，根本无法用于促进当地经济发展。

除了科学技术成果的实际落地，在乡村地区的推广力度不足、推广渠道不畅也是影响科学技术成果转化率的重要因素。在很多乡村地区，本身的基层服务机构建设并不完善，普遍存在着人手不足、专业性不强的问题。在这种前提下，很多科学技术成果即使进入农村，也难以通过系统化的推广方式使其真正惠及当地居民。此外，科学技术成果的应用本身具有一定的门槛，出于各种原因，农民很难直接获取到有足够使用价值的科学技术成果，本来农民获取各种信息的渠道就是有限的，而科学技术成果作为先进技术，通常是由政府部门或者少数的技术人员所掌握，在推广方面也只能够依靠专业部门派出技术人员实地对农民进行教学。但这种推广方式存在的最主要问题就是传递效率低，而且这种传统的教学方式对于科学技术成果的推广并不适用，很多科学技术需要有足够的知识储备才能够理解，因此，先进的科学技术并不能够及时传递到农民手中，或者在传递过程当中会由于信息的误差而导致最终效果偏离实际需求。例如，在传统的农业生产方面，部分具备条件的乡村地区会有相应的科学技术实验示范田或者示范基地等，但只集中于少数地区，很难进行全面覆盖。而且这种试验田本身的覆盖面也有限，如果在技术成熟度不足的情况下就进行推广，既会影响到最终的生产结果，也会影响到农民对于科学技术的信任度和接受度。这也是目前很多乡村地区的通病，即由于科学技术本身的研发周期较长，很多技术无法在短时间内见到明显的效果，又需要一定的投入力度，导致广大农民很难在短时间内接受，这也会影响到科学技术的推广和应用。

农民对于这种新技术的接受程度会直接影响到科学技术成果的应用和推广，而农民在这方面是存在一定的认知障碍或误解，由于农民本身的文化背景、教育水平低和风险承受能力的不足，导致他们无法在短期内接受新技术，担心自己在投入成本后无法收回，因此宁愿沿用传统的生产方法，也不愿或不敢尝试新的技术。只有使农民看到科学技术的应用成果，扩展其知识面，提升其思想高度，才能够解决相应的问题。此外，有的科学技术成果在设计阶段展现出了较好的效果，但在推广到市场上之后却没能发挥出应有的作用，这主要是科学技术成果本身缺乏技术适应性所导致的，即在设计和研发阶段未能够充分考虑到乡村地区本身的自然条件、社会环境、经济水平等种种因素，导致了科学技术成果在具体实施过程中和在试用过程中所起到的作用具有明显的差异。高科学技术设备本身的投入力度和维护成本较高，对于农民而言需要有一定经济实力才能够承受，因此，一旦效果未达预期，必然会影响到农民对于新技术的接受程度，对于后续的推广和应用也造成了明显的阻碍。

四、基层领导干部学习意识不强

乡村地区的农民对新技术的接受往往需要一定的时间和外在力量的引导，短期内农民是无法真正接受并应用新技术的。基层领导干部在此方面起到了重要的作用，他们是乡村振兴战略成功实施的关键性力量，在政策制定、资源调配、项目实施等多方面都扮演着重要的角色。然而，在科学技术赋能乡村振兴的背景下，部分基层领导干部的学习意识并不强，这会直接影响到科学技术创新的推广和现代农业技术的普及，甚至会成为乡村振兴的主要障碍。首先是部分基层领导对科学技术重要性的认识不足，导致无法在乡村振兴中合理地利用科学技术。对于发展而言，科学技术是第一生产力，而在乡村地区的发展中，科学技术对于推动乡村振兴具有重要作用。部分基层领导并没有认识到科学技术在推动乡村振兴中所起到的核心作用，有的领导认为科学技术的研发和推广需要大量的资金，对于乡村发展而言是得不偿失，因此在乡村振兴方面，部分基层领导干部仍然认为要依赖传统的政策支持、基础设施建设和传统的农业手段。但科学技术是推动人类社会进步的重要力量，乡村地区也是人类社会的重要组成部分，如果没有科学技术的参与，乡村地区会变得越发落后。青壮年劳动力出走是乡村地区衰落的重要体现，如果科学技术不能在其中起到重要作用，乡村的人口数量将会越来越少，直到成为一片荒地。

另外，除了农民需要学习，需要不断提升自己的思想高度，基层的领导干部也需要不断学习、不断提升自我，只有不断接受新事物，才能够不被时代所抛弃。而部分干部领导由于长期待在农村，习惯了传统农业发展的路径，产生了依赖，即使没有效果，也不会出现更大的错误，哪怕没有成绩，只要能够稳住现状，很多基层的领导干部就已经满足。保有这种思想的领导干部，自然也很难接受现代科学技术手段在乡村发展中的广泛应用。这种传统的思维定势不仅限制了干部自身的行为和决策，同时也限制着当地乡村经济的发展，作为领导层面，基层领导干部更加熟悉当地的经济发展情况，熟知制约当地发展的症结，先破而后立，如果他们不能迈出第一步，那么乡村地区就很难再依靠农民自身得到新的发展。

尽管很多基层领导干部身处基层地区，但他们仍属于领导阶层，因此，部分基层领导干部学习动力不足，认为自己没有学习新知识、新技术的必要。相比提升自己的专业技术，大多数的基层领导干部更多认为自身的主要职责是行政管理，因此对于现代科学技术知识和农业技术的学习有所忽视。一方面，基层领导干部更倾向于将学习任务转嫁给专业的技术推广人员，而不会选择主动地提升自身的科学技术素养。另一方面，由于基层领导干部时间和精力有限，很难抽出足够的时间和精力去学习专业技术，导致他们学习动力不足，使得大多数的基层领导干部难以在科学技术领域进行深度学习和思考。此外，部分基层领导干部缺乏足够的忧患意识，自身的经济压力较小，所处的农村地区也并非特别贫困的偏远地区，这使他们存在着一定的侥幸心理，没有认识到科学技术对于乡村经济发展的重要作用。但科学技术赋能是一个大趋势，即使是乡村地区也不能够避免，只是时间早晚的问题而已，而在这种趋势下，不学习新知识和新技术必然会导致乡村工作的滞后，甚至会阻碍乡村的发展，这对当地居民或是领导干部来说都不是一件好事。

国家对于乡村地区的科学技术发展十分重视，会有针对性的培训和学习活动。这些活动也是需要基层领导干部参与的，只有真正了解什么是科学技术以及科学技术在农业生产过程当中所起到的重要作用，才能够更好地去做农民的思想工作，使科学技术的应用在农村地区得到大力推广。但部分基层领导干部并没有认识到其重要性，仅仅是走一个过场，以完成任务为目的，而缺乏深入学习和实践的意愿，在参加培训时并没有投入过多的精力，课程结束后也未能将自己学习到的知识运用在实际工作当中。相比专业性较强、较为复杂的科学技术知识而言，基层领导干部更注重将自己的时间和精力放在政策文件、行政管理等与自身的管理工作直接相关的内容方面，而对于农业科学技术、乡村信息化建设等新兴领域的关注并没有那么多，局限于行政事务必然导致领导干部缺乏足够的技术能力，而这又会影响到科学技术的推广和应用。实践是认识的来源，一切真知都是从直接经验发源的。没有调查就没有发言权，基层领导干部的乡村管理工作也是如此，只有亲自进行学习和实践，才能够知道科学技术的真正价值，才能够发挥其在乡村地区的更大作用，推动当地的发展，实践出真知，没有实践就没有办法认识真理，也没有办法把握发展的命脉。

五、科学技术文化与乡土文化融合度不够

在乡村振兴战略实施过程中，科学技术的应用被视为推动乡村现代化发展的重要引擎，然而，科学技术的推广与应用并非简单的技术过程，与乡村特有的乡土文化结合是关键①。当前，科学技术文化与乡土文化的融合度不够也是阻碍科学技术赋能乡村振兴的主要问题。首先，乡村地区本土居民对于科学技术文化的认同感严重不足，由于科学技术对于文化水平较低的村民来说比较陌生，所以他们很难主动接受科学技术带来的变化。科学技术文化通常以现代化、数字化和工业化等特征为基础，与乡土文化当中依赖传统农业经验和朴素生活方式的特质存在着显著的差异，导致了乡村当地居民对于科学技术文化的认识不足，甚至会产生明显的疏离。例如，精准农业技术的推广过程当中，许多农民认为那些精密的机器操作起来非常复杂，运用科学技术需要耗费更多的精力，与日常的农业劳动直观感受大相径庭，一个是脑力加体力活动，另一个是单纯的体力劳动，两者所付出的时间和精力也不同的。而在运用科学技术的过程当中，农民不仅需要在前期投入大量的时间、精力和金钱，后续也需要持续学习，这要求农民养成主动思考、主动学习的习惯，而这与人图省事的本能相悖，农民没有足够的知识储备和基本的学习能力也很难去适应这一过程，更不用提主动接受科学技术所带来的转变了。

---

① 张丽凤. 驰而不息初心践　科学技术赋能产业兴——访河北省现代农业产业技术体系蛋肉鸡创新团队保定综合试验推广站站长许利军 [J]. 北方牧业，2022(24)：10-11.

此外，也有部分乡村地区的居民认为，现代科学技术的引入会削弱传统文化的根基，而改变原有的生活方式对于他们来说也是个难题。科学技术文化带来的不仅仅是对原来的传统的生活方式、生产方式，乃至思想观念的冲击，还会侵蚀到传统价值观念。这种复杂的排斥情绪外化表现就是对科学技术的冷漠，甚至在某些情况下会引发抵触心理。例如，在农业生产当中，大型机械化是可以提升农业生产效率、促进经济收益的，但部分村民仍然坚持使用传统工具，认为这种机械化的生产是冷漠的，会使得土地"失去灵性"，会对土地造成不可逆的伤害。相比人力而言，科学技术是不尊重土地和上天的，虽然这种观念在接受过现代教育的人们看来有一些无知和无理，但对于生活在乡村地区的部分居民而言却是真实存在的想法，而这也导致了他们很难抛弃传统的生产方式。科学技术文化的一个主要特征就是数字化、科学化，即使是在农业生产当中，也十分重视科学方法论和数据分析，通过运用大量数据来对生产方式、生产资料等进行分析，从中择优选取更适合当地环境的品种。传统的乡土文化中的生产方式则更倾向于经验主义，这与科学技术文化存在着显著冲突，对于乡村地区的农民而言，他们更习惯依赖传统的经验，而非科学技术，他们认为传统经验历经世代相传和上千年的考验，具有较高稳定性，虽然可能效率并不高，但稳定性却是农民非常重看的因素。例如，在农业生产和推广新品种的过程当中，很多村民更倾向于选择祖辈使用过的种子，而对经过反复实验的科学技术成果的可靠性却持怀疑态度，一旦育种未能达到预期，他们就会认为这是水土不服或者是成果不稳定。在某些特殊的历史时期，这种稳定的生活状态可以让农民有安全感，虽不会大富大贵，但也不至于被饿死，但是随着社会的不断进步，这种过度依赖传统经验带来的相对稳定恰恰成为阻碍当地经济发展的重要因素。只有突破对传统稳定模式的依赖，才能够使当地经济发展焕发出新的活力，而解决这些问题，需要在科学技术研发、推广和应用的全链条当中注重文化因素，进一步推动科学技术文化与乡土文化的深入融合，只有这样才能够更好地实现科学技术赋能乡村振兴的伟大目标，但这个问题是难以在短期内得到解决的，仍然需要各方面的不断努力。

第二节　科学技术赋能乡村振兴存在问题的成因

一、乡村基层组织引领作用不够

在乡村振兴战略实施过程当中，乡村基层组织作为最贴近村民的治理单元，理应在政策传导、资源整合、技术推广以及社会动员等多方面发挥重要的引领作用。然而，在具体的实践过程当中，一些基层组织并未能有效地履行自身应有的职责，引领作用发挥不足，这直接影响到了科学技术赋能乡村振兴的进程，也直接影响了当地乡村地区的经济发展。很多乡村地区基层组织引领作用不够不仅仅是外部原因，其自身对科学技术赋能的重视程度不足也是影响科学技术赋能效果的重要因素。很多基层组织在乡村地区经济发展方面的战略认知存在着一定的偏差，对于科学技术在创新振兴过程中的重要性认识不足。很多乡村的基层组织在面临如何促进乡村经济发展这一问题时，关注更多的是传统的经济发展模式，例如农村地区的土地流转、基础设施建设等，却忽视了科学技术赋能可能带来的长期结构性变革，这种认知层面的偏差导致了乡村地区的基层组织在制订乡村振兴计划时，很少去考虑科学技术的相关内容，即使考虑到了科学技术的内容，也会由于前期投入力度大、具体落实难度较高等原因将其边缘化或者形式化，从而影响了科学技术赋能的效果。

另外，部分基层组织本身缺乏系统的乡村科学技术振兴规划，在设定目标时并没有进行深层次的考虑，缺乏远见和长期的规划，制定的工作目标通常是短期的。可能是考虑到自身的职业生涯，想要在短时间内见效，在政绩方面做出一些成就，因此，很多基层组织更加倾向短时间可以见到成效的项目。例如，在推动农业发展时更倾向于选择投入见效快的工程，而非需要长期持续科研支持的智能农业技术或者生态农业方案，而这种目标的设定是缺乏前瞻性的，并不利于当地的产业转型升级和长期发展。此外，基层组织本身在科学技术推广和应用方面也应起到关键性和引领性的作用，但很多乡村地区的基层组织并没有将其视为自己分内之事，而是将这方面的工作视为外部事务，认为这是由政府部门或科研机构或者是企业所来承担的责任，没有认识到自身应该充当科学技术落地的推动者和协调者。这种角色上的错位导致技术的推广缺乏组织保障，因此难以形成有效的上下联动机制。科学技术推广本身需要一定的门槛，是一个长期的过程，既需要大力推广，也需要拓宽推广的渠道。基层组织本身就有一定的公信力，在居民当中也具有较强的说服力，由基层组织来推动科学技术在农业生产当中的实际应用是再合适不过的，但很多基层组织存在畏难情绪或抵触心理，导致科学技术的推广并未能真正落地，这会直接影响到当地村民对科学技术的接受度。

此外，基层组织的治理能力不足也是导致引领作用不够的重要因素，部分乡村地区的基层组织在结构和功能上存在着一定的弱化现象，例如人员老龄化、编制不足、行政效率低下等诸多问题①。这种现象导致基层组织在科学技术推广和协调资源时缺乏足够的执行力，难以承担起复杂的科学技术赋能任务。乡村地区本身经济较为落后，编制数量较少，同时乡村地区本身的条件又限制了当地领导和干部的晋升渠道，因此很多基层领导干部职场生涯是缺少诸多可能性的，导致了很多基层组织人员在工作当中缺乏动力。而编制数量本身又稀少，基层组织人员的变动也很少，长期得不到新鲜血液的刺激也导致了很多乡村地区基层组织的结构和功能逐渐退化，虽然一直在乡村地区办公，但领导干部与当地村民的实际生活以及外界的先进技术之间都会产生隔阂，从而影响了科学技术在乡村地区的推广和实际应用。部分乡村地区存在基层干部科学技术素质参差不齐的情况，很多干部缺乏必要的科学技术知识储备，甚至对于科学技术推广的基本概念都不熟悉，根本无法为农民提供专业的技术指导和政策解读。乡村地区的干部编制数量较少，虽然可以吸引到大批人才的报考，但他们可能只对某些领域具有一定的研究，对于科学技术并不是非常了解，而编制考试又无法准确地选拔出在科学技术领域具有深入研究的人才。因此，选拔的人才虽然具有一定才能，但可能不了解科学

---

① 关艾林，杨乃坤. 乡村振兴视域下优化农村基层治理的三重逻辑：价值、困境与路径 [J]. 山西农经，2024（22）：139-142.

技术方面的专业知识。这导致在乡村地区实际工作当中，基层组织人员需要先学习这部分的内容才能够去进行推广，去向农民传播和教学。而想要弥补科学技术素质方面的不足，需要一定的时间，因此很多干部可能无法直接投入科学技术的推广和教学工作当中，延误了很多科学技术成果最有利的推广时机。除此之外，很多干部本身具有决策权，但科学技术素养的不足导致干部自身的技术推广的决策能力和协调能力较弱，因此难以成为科学技术赋能的核心推动者。此外，部分地区的基层组织未能有效地履行自身的服务职能，使得当地村民对基层组织的信任感和依赖度有所下降，因此缺乏足够的号召力，即使进行了推广，也难以立即形成统一的行动力。例如，如果基层组织的工作令当地村民不满意，那在后续的工作当中自然无法得到足够的配合，在科学技术推广项目当中，如果农民对于组织动员不予配合，就会直接导致技术示范户的数量不足，也会限制科学技术的推广范围，影响经济发展。

　　综上所述，农村地区的基层组织在结构和功能方面存在一定的弱化现象，这是普遍存在的问题，即使没有明显的结构不足问题，很多基层组织也没有足够的能力去建立完善的科学技术治理体系。在乡村地区进行科学技术推广需要多部门进行协调，基层组织在其中起着重要的作用，但并没有决定权，同样需要与其他的科学技术推广机构进行沟通和协作，例如农业农村局、科研院校等。如果基层组织和科学技术推广之间未能建立起健全且完善的沟通和协作机制，就会导致技术供需对接不畅。基层组织要承担起农民与科研机构之间的桥梁作用，基层组织在乡村地区办公，因此是最方便也最应该了解当地农业发展情况和农民所需的，例如，基层组织应该了解当地所依赖的具体产业、农民所需要的某类具体技术、相应技术在当地实行的可能性以及可能会存在的问题等，并且需要将这些了解整理之后及时传递到研发机构手中，只有这样才能够保证技术的供给和满足当地农业生产的需求，但目前很多基层组织与科学技术部门的协作并没有达到一定的成熟度，这也影响到了科学技术赋农效果的显现。另外，部分乡村地区并没有建立起足以支撑当地科学技术推广和应用的服务体系，也没有建设足够的科学技术服务站点或者农业技术推广机构，这种薄弱的科学技术服务体系也导致了基层组织在推动科学技术振兴时缺乏足够的专业支持。除了机构数量较少，专业人员数量和质量也影响到了科学技术推广的效果，基层地区的条件资源有限，除了少数发达的乡村地区，大多数乡村地区能给出的待遇是无法与城市相比较的，因此难以吸引足够多的专业技术人员，即使吸引到了也很难使其长期留在乡村服务，这种人才的高流动性也制约了当地科学技术服务体系的稳定性。乡村基层组织引领作用不够是科学技术赋能乡村振兴过程当中的一个复杂的问题，其中涉及多个方面，只有充分发挥出基层组织在科学技术推广当中的桥梁和引领作用，才能够推动科学技术赋能乡村振兴的深入实施，保障科学技术兴农的效果。

二、乡村地区吸引力比较弱

在乡村振兴战略实施过程中，特别是在科学技术赋能的过程中，乡村地区的吸引力不足已经成为制约其发展的重要因素之一。乡村吸引力不足不仅阻碍了科学技术成果的有效落地，同时也影响到了乡村的可持续发展。乡村地区的吸引力不足不仅体现在对专业人才的吸引上，还包括对外部投资的吸引，这些都会影响到当地产业的转型升级。乡村地区本身的经济发展较为滞后导致的吸引力不足，乡村地区的产业结构普遍较为单一，缺乏足够的经济活力，主要是依赖传统的农业生产模式，而缺乏多元化的经济支撑，仅仅依靠传统的农业生产无法使当地的经济发展实现质的飞跃，通常只能够勉强满足温饱。但随着全球环境的恶化和社会的快速发展，很多乡村地区仅仅依靠传统的农业生产甚至连温饱也已经无法满足。随着现代化进程的加快，传统农业逐渐暴露出更多的弊端，包括但不仅限于劳动力密集、产值低、科学技术含量低等，这些都严重制约着当地的经济发展。这不仅仅是产业模式的问题，同时也反映了产业结构的滞后性，使得乡村经济发展严重缺乏活力和吸引力，尤其是在科学技术赋能的背景下，这种依靠传统农业生产方式生存的乡村地区很明显在吸引外部投资的技术创新以及高级人才方面力不从心。

　　同时，乡村地区基础设施建设的滞后又制约了当地的发展，即使近年来国家不断加大对乡村的投资力度，但大多数乡村地区的基础设施建设仍然未达到现代化的水平，依然存在着明显的不足。交通不便、信息化程度低、公共服务设施匮乏等问题不仅影响了当地居民的日常生活，还严重阻碍了乡村吸引力的提升。这种硬件设施是发展的基础，也是发展的必备条件，硬件设施的不足使得外来投资难以进入，同时也使村民的生活质量难以得到显著的提升，影响了乡村地区的经济发展和科学技术应用。乡村地区的创新能力普遍较弱，缺乏具有竞争力的产业和技术支撑，导致了科学技术推广较为困难。目前大多数地区尚未形成有效的科学技术创新链条，科研机构和乡村企业之间缺乏紧密的联系，大量的科研成果未能及时得到转化，甚至会出现科研与市场需求脱节的现象。科学技术创新是乡村振兴的重要驱动力，但如果缺乏适宜的产业基础和创新平台科学技术的推动，就如无源之水，乡村经济发展自然就失去了持续动力。

　　除了吸引外部投资能力不足，对人才的吸引力不足也明显制约了乡村的发展。人才短缺是制约大多数地区经济发展的重要因素，大多数乡村地区并没有足够的高层次人才，因此乡村治理陷入了明显的困境。高层次人才，尤其是从事农业科学技术、乡村治理等领域的专业人才，长期以来都是乡村地区的稀缺资源，由于乡村地区本身的生活条件较差，工资待遇较低，职业发展空间也较小，优秀的技术人才、管理人才和专业性人才更倾向于去大城市发展，即使已经进入乡村工作，也很难长期留在乡村，为当地建设做出贡献。而那些已经来到乡村，却又选择离开乡村，流向城市的人才又进一步加剧了人才短缺的情况。如今，大多数乡村地区都缺乏专业人才，更不用提让专业人才长期在乡村扎根，为其做出贡献，这直接导致了乡村地区的科学技术创新、产业发展和社会治理等都难以得到有效的支持，导致乡村发展在现代化进程当中长期处于劣势。

　　除了高层次人才不足，很多乡村地区劳动力整体素质偏低、缺乏足够的技术技能也导致乡村地区在接受和应用新技术方面存在较大的困难。对多数乡村地区而言，农业生产仍然是其主要的经济来源，但传统农业是劳动密集型模式，大多数农业生产更多依赖的是体力劳动，而非现代科学技术。现代化农业先进技术的缺乏导致乡村地区的产业结构未能及时转型升级，即使有了科学技术的推动，但高素质劳动力的缺乏也使先进技术难以在乡村地区得到快速推广，科学技术赋能的效果也大打折扣。高素质人才主要负责科学技术的推广和研发，更多考虑的是如何将科学技术与当地实际生产更好地结合起来，以发挥出更大的作用，而具体的应用仍然需要当地村民自己去努力。但很多农村居民本身缺乏一定的知识储备和文化水平，没有接受过基础教育，很难理解科学技术在农业生产当中的重要作用，即使有主动学习的态度，也缺乏相应的能力，面对科学技术心有余而力不足，而这种高素质人力资源的缺乏也使科学技术在乡村地区难以得到有效的应用，当地产业也很难成功完成转型和升级。

乡村振兴是一个长期的过程，科学技术赋能更是需要坚实的基础。中央政府十分重视并且出台了一系列支持乡村振兴和科学技术富农的政策，政策的出发点和方法是好的，但在政策的具体执行过程当中，地方政府的执行力和政策落实力度却不足，从而影响到了执行效果。部分地方政府缺乏对科学技术政策的重视，在具体的执行过程当中存在一些问题，例如选择性执行或偏向性执行等，国家所出台的政策往往是把控大方向，具体的实行方案仍然需要地方政府自行去考虑。由于不同地区面临的问题存在差异，解决方案自然也有所不同。政策的大方向无误，但在执行方面必然要地方政府发挥自己的主观能动性，很多政府自身能力不足，或者害怕承担责任，在执行过程当中未能发挥出自身应有的作用。部分地方政府缺乏对乡村地区的实际调查，不了解乡村地区所面临的具体困境，仅仅是片面地理解政策内容，单一地去执行政策内容。而政策内容往往并不能够完全与现实相对应，盲目地、偏执地去追求一致，只能导致做无用功，甚至会事倍功半，不仅不能够促进当地乡村地区的经济发展，反而可能会带来更多的阻碍，导致乡村地区的科学技术发展受到更多的限制。

同时，地方政府对于科学技术创新的财政投入也相对不足，未能形成有效的资源保障和知识体系，科学技术赋能和乡村振兴本身就需要大量的资金支持，然而乡村地区的财政状况普遍较为紧张，难以提供充足的资金①。很多科学技术项目缺乏长期的资金保障，往往在初期获得资金支持后，因后续资金链断裂而难以为继，这也使得很多科学技术项目的实施缺乏持续性，无法形成良好的示范效应，从而影响到了乡村地区对于科学技术创新的吸引力。面对乡村振兴和科学技术赋能，政府部门通常会专门拨款进行投资，但这并不是乡村地区的主要经济来源，也无法成为主要的投资来源。如果仅仅依靠政府部门拨款，乡村地区的科学技术发展是遥遥无期的，必须在做出成绩的同时吸引到更多的外部投资，只有这样才能形成良性的循环。在有了投资之后，才能够有相应的科学技术成果，而科学技术成果又会吸引到更多的投资，如此源源不断才能够盘活整个科学技术链。但在现实当中，很多乡村地区由于自身条件的限制，无法吸引到足够的外部投资，而政府又没有过多的资源进行支持，这导致很多科学技术项目在还没有产出足够的科学技术成果时就被迫终止，使得处于观望状态的外部投资者对乡村地区的发展前景并不看好，影响到其长期的可持续发展。

对于政府部门而言，若一味地投资却未能见成效，也会被迫放弃对这部分地区的投入，毕竟资源本身就是有限的，向发达地区倾斜也属正常情况。由于发达地区已经具有了良好的基础，更容易吸引到外部投资，所以将有限的资源倾向更有优势的地区也是一个正常的选择，虽然这对于不发达地区不公平，但又是现实生活中不可避免的情况。资源配置的不均导致了政策实施效果的严重不平衡，而部分乡村地区本身的限制又影响到了资源分配的公正性，部分乡村地区即使在政策上也难以获得足够的资金、人才和技术支持，与其他发达地区相比需要投入更多的资金、人力、时间才可能换来一定的成效。在这种前提下，即使是政府部门也需要慎重考虑，尤其是对于一些急于见到成效的政府部门而言，将资源分配给发达地区往往是更好的选择，而这又进一步加重了区域之间的不平衡。

---

① 蒋蕊. 数字经济促进乡村振兴高质量发展研究 ［D］. 重庆：重庆工商大学，2023.

三、农民整体观念仍然落后

在科学技术赋能乡村振兴的进程中，农民作为技术应用和推广的主体，其思想观念的先进性对科学技术成果转化的深度和广度具有直接的决定性作用。然而，在具体实践当中发现，许多乡村地区农民的整体观念仍然较为落后，对于科学技术的接受度和认知度较低，成为乡村振兴中的一个重要障碍，而这又涉及多方面的因素。首先是历史和文化关系的影响，我国乡村地区长期以来是以传统的农业生产为主要经济活动的，而传统的生产方式又形成了深厚的文化，导致农民深受其影响，产生了一种文化惯性。例如，很多农民都信奉靠天吃饭，传统的农业生产是小规模的家庭式经营，不需要大规模种植，也不需要邀请专业的技术人员。其次是在农业生产当中遇到问题时，农民更多依赖以往的经验进行决策，而非是对数据进行分析整合，这种传统方式具有上千年的历史，已经形成了固定的思维模式。对于农民而言，这种固定的思维模式能满足基本的温饱需求，他们对农业生产的认知也仅限于此，认为不需要靠农业生产去实现更远大的目标。这使得农民本身对于新技术的需求并不那么迫切，自身的观念也相对保守，对于新型农业机械、智能化设备等现代技术，许多农民认为操作起来非常复杂，而且并不适合现有的生产规模，因此宁愿坚持自身熟悉的传统经验模式，而这必然会影响到科学技术成果的推广和应用。

很多乡村文化长期处于相对封闭的状态，社会流动性较低，一个村庄就是一个社会，例如，在流感或疫情肆虐的特殊时期，农村地区由于流动性较低，外来人口较少，当需要封闭时，只要控制住原有的情况，就可以使其长期保持稳定状态。乡村地区的社会流动性较低，有时是更加安全的地区，但同时也说明了其本身长期处于一种封闭状态，意味着当地村民文化思想的更新速度会较慢，尤其是一些偏远地区的村庄，获取外部信息的渠道较少。例如，一些藏族居民对于外界的认知仍然停留在 20 世纪，对于外界的新技术和新理念缺乏了解，甚至怀有一种抗拒心理。这种保守的文化氛围，使得农民对于改变现状的意愿较低，更习惯于传统的生活方式，对科学技术的态度趋于观望，甚至是排斥。他们拒绝新事物，拒绝发生改变，除了保守心理，更多的是害怕改变所带来的一系列不适应，害怕改变带来不好的结果。为了避免这种不好的结果发生，这部分农民直接拒绝改变，即使改变本身是利大于弊的。当前很多农民群体对于科学技术文化的理解仍然停留在表面，认为科学技术属于高精尖领域，是专业的科学家或研究人员才能够接触的专业领域，与自身的日常生活并没有紧密的关联，这种观念的形成与乡村教育的欠缺、信息传播的局限性以及长期以来城乡之间科学技术发展的差距密切相关，当农民缺乏对科学技术的深刻理解时，很难主动接纳科学技术赋能带来的变革。

乡村地区农民的受教育水平普遍较低，相比起城市居民而言，大多数农民并没有接受到全面的教育，这直接影响到了农民对于新知识和新技术的学习能力。多数农民缺乏科学素养，对科学技术推广当中所使用的一些专业术语或技术操作难以理解，例如，在推广现代农业技术时，物联网需要对数据进行监测和分析，这种技术本身具有一定的门槛，很多农民也无法理解其具体意义，认为这些技术是没有实际意义的，是一种表演价值大于使用价值的技术。尽管目前政府和相关机构在持续开展大量的农业科学技术培训活动，但其覆盖的范围和效果仍然是有限的。很多培训活动存在形式单一、时间短暂的问题，没有接受过足够教育的农民难以在短时间内解决相关问题，也难以满足农民对于新技术的深入学习需求。此外，部分培训活动在内容方面过于重视理论而缺乏实际操作演练，与农民的实际需求存在脱节情况。农民在学习后难以将其应用到生产实践当中，这种培训模式的局限性不仅没有解决农民科学技术素养不足的问题，相反还会进一步加剧农民对于新技术理解的困难。科学技术是不断发展的，不论是科学技术的研发者还是使用者，都需要不断地进行学习，只有不断提升自己，才能够不被科学技术和时代所抛弃。而农民群体普遍缺乏终身学习的意识，与城市居民相比，农民的学习资源和学习渠道都十分有限，部分现代科学技术在日常生活中的使用频率又比较低，因此农民很难有意识地主动学习。再加上很多农民本身没有接受过系统的学校教育，对于知识更新的重要性认识不足，因此难以养成终身学习的意识。很多农民认为依靠自身在传统农业生产中积累的经验性知识就足以完成种田任务，养活自己和家人，却忽视了科学技术的应用价值，导致农业生产未能取得良好的经济效益。

四、乡土文化认同感缺失

乡土文化是乡村社会的灵魂，是凝聚村民情感、传承历史记忆的重要载体，然而，随着社会经济的快速发展和现代化进程的不断加快，乡村文化认同感在许多乡村地区逐渐弱化，这一现象在科学技术赋能乡村振兴的过程中表现得尤为突出。乡土文化的弱化或者缺失不仅影响了科学技术推广和应用的效果，还削弱了乡村振兴的内生动力，而乡土文化认同感缺失是一个深层次的问题，涉及众多方面的因素。首先是乡土文化本身的弱化与边缘化问题，随着城镇化不断推进，部分乡村地区出现了大量劳动力外流的情况，尤其是青壮年劳动力大量流出，导致了乡村地区出现了空心化的现象。随着乡村地区人员数量不断减少和老龄化问题的逐渐加剧，乡村地区的传统文化活动、节庆习俗和人与人之间的交往也在减少，这使乡土文化失去了原有的载体。其次是随着社会经济的不断发展和科学技术的进步，网络的连接使得人与人之间的交流突破了时间和空间的限制，也使人与人之间在现实生活中的交流逐渐减少，人际关系显得越发冷漠。村民的生活方式逐渐城市化，传统的乡村文化却被贴上了"落后"的标签，城市文化作为"潮流"的代表，逐渐取代了传统乡村文化的重要地位。很多传统村落本身有自己的节庆活动和庆祝仪式，随着城市化的加快，这些仪式被简化或取消，年轻一代对于传统的民俗活动和手工艺活动等明显缺乏兴趣，导致了乡土文化出现了明显的传承断层。最后是外来文化的强势传播对乡村本土文化造成了强烈的冲击，流行的影视剧或网络文化对于村民的生活方式和价值观念产生了深远的影响。这种影响通常并不需要太长的时间，只需要年轻一代短短十年的成长就足以使文化产生断层。年轻人更容易受到外来文化的影响，从而将乡土文化视为落后和陈旧的事物，这种文化上的不平衡使得乡土文化在现代化过程中不断被边缘化，农民自身的文化认同感也在不断弱化。

现代科学技术的发展大大方便了人们的生活和生产，这也正是科学技术发展的重要推动力之一，但科学技术在乡村地区的推广过程中未能与当地的乡土文化进行良好的融合，科学技术通常以现代化和标准化的方式推进，却忽视了当地乡土文化的特性，使现代化的先进技术对当地乡土文化的维持和传承带来了强有力的冲击①。例如，在推广现代农业技术时，一些现代化种植技术要求农民改变传统的耕作习惯，但并没有考虑到农民的文化心理和传统的耕种习惯，导致农民没有在心理上认可新技术，反而对其持有排斥态度，影响了科学技术的推进。此外，部分乡村地区在进行基础设施建设或建筑设计时，忽略了乡村传统的建筑风貌，导致乡村地区的景观出现了城市化和同质化的问题，破坏了乡土文化的物质载体。另外，在科学技术赋能乡村振兴的过程中，乡土文化往往是被忽视的重要内容，专业人员并没有将乡土文化纳入技术创新体系当中，虽然很多地区的农民是依靠过往的经验进行耕种的，且这种经验也是经过时间检验的。很多地区的传统工艺和种植方法虽然传统但极具有本土特色，如果能够与科学技术创新相结合，既能够发挥出更多的价值，也能够减轻农民对新技术的排斥心理。但这种乡土文化在科学技术创新中并没有得到重视，缺乏有效的科学技术支撑和提升使得这种具有乡土特色的传统工艺和种植方法逐渐被淘汰，不仅导致了传统文化的流失，还使村民因自身文化被边缘化，从而削弱了对乡土文化的认同感。

---

① 方宇丰. 数字经济赋能乡村振兴的影响路径研究［D］. 杭州：杭州电子科学技术大学，2023.

第七章 科学技术赋能乡村振兴的具体策略与保障措施

科学技术作为乡村振兴的重要驱动力,通过创新和应用,不仅能够提升农业生产效率,还能够促进乡村经济、社会、文化的全面发展。本章将详细探讨科学技术赋能乡村振兴的具体策略与保障措施,以期为乡村振兴战略的深入实施提供参考。

第一节 科学技术赋能乡村振兴的具体策略

一、提升乡村基础设施建设水平

基础设施是乡村经济社会发展的物质基础和前提条件,其完善程度直接影响到村民的生活质量和乡村经济的可持续发展。科学技术在提升乡村基础设施建设水平中发挥着至关重要的作用。

(一)通过政策扶持完善基础设施供给

政府应持续加大对乡村基础设施建设的财政投入力度,确保基础设施建设的资金需求得到满足。这包括设立专项资金、提供财政补贴等多种方式,以支持乡村道路、桥梁、水利、电力、通信等关键基础设施的建设和升级。同时,为确保资金使用的合规性和有效性,政府应建立科学的资金监管机制,对资金的使用进行全程跟踪和审计，防止资金挪用和浪费。

政府应制定和完善相关政策，为乡村基础设施建设提供坚实的政策保障。这包括税收减免、土地供应优惠、融资支持等多种措施，以降低基础设施建设成本，吸引社会资本积极参与乡村基础设施建设。同时，政府应建立项目审批、监管和验收机制，确保项目建设的顺利进行和质量达标。此外，政府还可以通过设立奖项、表彰优秀项目等方式，激励各方积极参与乡村基础设施建设。

在乡村基础设施建设过程中，政府应注重规划的引领作用。政府应制定科学合理的乡村发展规划，明确基础设施建设的目标、任务和时间表，确保基础设施建设的有序进行。同时，政府应加大规划的实施和监管力度，确保规划目标的实现。这包括加强项目前期调研和论证、完善项目实施方案、加强项目过程管理等，以确保基础设施建设的顺利进行和高质量完成。

此外，在基础设施建设过程中，政府还应注重环保和可持续性发展。通过采用新技术、新材料等方式降低能耗和减少污染排放；通过加强生态保护和修复等方式提升乡村生态环境质量；通过推广节能建筑和绿色建筑等方式提高乡村基础设施的能效和环保水平。这些措施的实施有助于实现乡村基础设施建设的可持续发展目标。

（二）通过技术合作完善服务交流配套软件设施

在乡村基础设施建设过程中，政府应注重引入先进的技术手段，以提升基础设施的智能化、信息化水平。物联网、大数据、云计算等技术的引入，能够为基础设施的智能化管理和维护提供有力的支持。物联网技术可以实现对基础设施运行状态的实时监测和预警，提高维护效率和管理水平；大数据和云计算技术则能够实现对基础设施数据的收集、分析和利用，为决策提供科学依据。

建立乡村基础设施信息共享平台，是实现基础设施智能化管理和数据实时共享的关键举措[①]。平台建设可以实现对基础设施运行状态的实时监测和预

---

① 张巍. 科学技术创新推动乡村振兴发展的机制与路径研究［J］. 现代农机，2021（06）：29-30.

警，提高维护效率和管理水平。同时，平台还可以为农民提供便捷的信息查询和咨询服务，帮助他们更好地了解和使用基础设施。信息共享平台的建设应注重数据的标准化和规范化处理，确保数据的准确性和可靠性。此外，还应加强平台的网络安全防护，防止数据泄露和禁止非法访问。信息共享平台的建设和运营，可以推动乡村基础设施的智能化管理和数据的高效利用。

智慧农业是现代农业发展的重要方向，也是科学技术赋能乡村振兴的重要领域。推广智慧农业技术，可以实现农业生产的精准化和智能化，提高农业生产效率和农产品质量。智能灌溉、智能温室等技术的应用，可以根据土壤湿度、气候条件等因素自动调节灌溉量和温室环境，实现农业生产的精准化管理。同时，引入物联网、大数据等技术手段，可以实现对农业生产过程的实时监测和数据采集，为农业生产提供科学依据。

二、培养与引进科学技术人才

在乡村振兴的伟大征程中，科学技术人才作为推动农村科学技术进步和实现农业现代化的核心力量，其重要性不言而喻。为了有效培养和引进科学技术人才，我们需要采取一系列全面而深入的措施，以构建一个充满活力、富有创造力的乡村科学技术人才体系。

（一）拓宽渠道，引进科学技术人才

拓宽乡村人才引进渠道。建立和完善科学技术人才引进机制，通过制定优惠政策、提供良好的工作环境和基本生活保障等措施，吸引更多优秀科学技术人才到乡村工作或创业。这包括提供具有竞争力的薪酬待遇、住房补贴、子女教育等福利，以及为科学技术人才提供科研启动资金、实验室等支持。加强与高校、科研机构的合作，建立长期合作关系，通过项目合作、技术转移、人才培养等方式，引进具有专业背景和科研经验的科学技术人才。可以邀请高校和科研机构的专家、教授到乡村进行技术咨询和培训，提升乡村科学技术人员的专业技能和创新能力；利用互联网和社交媒体平台发布照片信息，吸引更多科学技术人才关注乡村发展和就业机会。通过线上招聘、网络

面试等方式，降低招聘成本，提高招聘效率。同时，定期举办科学技术人才交流活动，如科学技术论坛、学术研讨会、项目对接会等，为科学技术人才提供展示才华和交流思想的平台。通过举办活动，可以发现并引进更多优秀科学技术人才，同时促进乡村科学技术创新与成果转化。

营造良好的乡村发展环境与人文环境。乡村地区良好的发展环境与人才成长空间是吸引、留住各类人才的环境保障，因此要不断优化乡村地区各方面的发展环境。一方面，要加强乡村地区基础设施的建设与管理。坚持城乡统筹发展的原则，加强对农业农村的财政支持，开展乡村地区道路、医疗卫生、数字网络等基础设施的建设，不断缩小城乡之间基础设施方面的差距，为乡村各类人才提供满意的工作条件与舒适的生活条件，打造有益于引进与留住人才的乡村发展环境。另一方面，要营造良好的乡村人文环境。激活本地优秀传统文化，不断挖掘具有代表性与影响力的本土文化，在保护中进行传承，在传承中促进发展，彰显具有本土乡村特色的文化魅力。同时要加强乡村文化的宣传教育，引导村民树立人才是第一资源、尊重知识、尊重人才、终身学习的新观念，营造乡村地区爱才、敬才、用才的良好乡村氛围，从而提升本地乡村文化对人才的吸引力与感召力。

明确乡村人才引进需求。为了实现更加精准的人才引进，不浪费人才资源，使人才各展所长，各乡村地区要以本地的人才需求为导向，有针对性地进行人才引进，实现精准引才。第一，结合实际，明确引才类型。各乡村地区要根据本地发展要求与发展方向，统筹规划本地实现乡村振兴所需的人才类型与数量，实现"人尽其才，才尽其用"，各类人才队伍要积极引进一些具有创新意识与创新能力的人才，使其充分发挥高层次人才效应，带动乡村地区实现又好又快的发展，避免人才引进的重复化。第二，结合乡村振兴相关项目，引进相应人才。为了形成乡村振兴各项目与人才队伍间相互促进的局面，使人才优势转化为推进乡村振兴项目的现实优势，要根据不同的乡村振兴项目引进相应的人才，这样才能够使人才与项目之间形成良性互动。第三，积极引进青年人才。青年是实现乡村振兴的生力军，是推进乡村振兴战略的后备力量，要着力重视对青年人才的引进工作。这类人才以大学生为主，大学生是充实乡村治理人才队伍的新力量，要积极引进大学生等青年人才群体投身到乡村振兴的建设中来，通过发挥自身的积极作用，为推进农业农村现代化建设注入新的活力与新的血液。

除了上述措施，我们还应积极探索多元化的人才引进渠道。例如，可以通过国际人才交流项目、海外人才引进计划等方式，吸引更多具有国际化视野和丰富经验的科学技术人才到乡村工作。同时，我们还可以鼓励和支持乡村企业、合作社等市场主体自主引进科学技术人才，形成政府引导、市场主导、社会参与的多元化人才引进格局。

（二）聚焦乡村特色，培育科学技术人才

在科学技术赋能乡村振兴的征途中，聚焦乡村特色，精准培育科学技术人才，是推动乡村产业转型升级、实现可持续发展的关键策略。这一策略不仅要求我们深刻理解乡村产业发展的内在逻辑和实际需求，更需要我们创新人才培养模式，构建多元化、多层次的科学技术人才培养体系。

紧密围绕乡村主导产业和特色产业，精心制订科学技术人才培养计划。乡村产业的多元化要求我们培养多样化人才。在农业科学技术领域，应着重培养能够研发和推广高效种植技术、病虫害绿色防控技术、智能农业装备应用技术等的专业人才，以提升农业生产效率和产品质量。在农产品加工领域，则需培养擅长食品深加工、质量控制、品牌策划等的复合型人才，以延长产业链条，提高产品附加值。乡村旅游作为新兴产业，需要既懂旅游规划又熟悉乡村文化的科学技术人才，来打造具有地方特色的乡村旅游产品和线路，吸引游客，促进乡村经济多元化发展。同时，乡土人才的培养是不可或缺的一环。乡土人才深谙乡村文化，熟悉乡土人情，是连接传统与现代、乡村与城市的桥梁。通过实施乡土人才培养工程，选拔一批具有乡土情怀、有志于乡村建设的本土人才；通过系统培训、实践操作、项目扶持等多种方式，提升他们的专业技能和创新能力。鼓励和支持乡土人才在乡村创业创新，从而带动乡村产业升级和经济发展。

加大本土乡村人才的挖掘与培育。乡村本土人才作为乡村振兴的内在力

量，比外来人才更为熟悉本地区的实际情况，而外来人才虽眼界比较开阔但缺乏在基层地区工作的经验，两者之间恰好形成互补。因此在加强对外来人才引进工作的同时，也要加强对乡村本土人才的培育。首先，要识别存在潜力的乡村人才。目前部分乡村本土人才被忽视，而基层工作者"村干部、驻村干部等"作为最了解本地区发展现状的人员，应全面了解本地区人员的基本情况与信息，明确是否有可挖掘的本土人才，并考察其是否有意愿为实现乡村振兴助力，对有能力、有意愿的人才进行统计以便于进行开发利用。其次，要突出重点挖掘人才。当前新型职业农民、农业管理者以及优秀村干部是乡村振兴发展的关键人才，同时也是制约乡村发展的紧缺人才，应以农业企业管理者、返乡农民工等为重点人群，对其进行重点挖掘并进行系统性培训，使他们成为乡村振兴的先头部队。最后，要加强本土乡村人才的教育与培训。本土乡村人才具有有待开发的潜能，教育培训的目的就是有针对性地对不同领域的本土人才进行系统性、专业性的技能培养，提升其综合素质，从而使其更好地为本地区推进农业农村现代化贡献力量。

完善科学技术特派员制度，选拔并派遣优秀科学技术人才深入乡村一线，担任科学技术特派员。科学技术特派员不仅是技术的传播者，更是技术创新的引领者。他们通过技术咨询、技术推广和科学技术成果转化等方式，将先进的科学技术和理念带入乡村，帮助解决技术难题，提升产业水平。同时，科学技术特派员通过发挥示范带动作用，激发乡村科学技术人才的创新活力，培养一批具有创新能力的乡村科学技术领军人才。在此基础上，建立农村科学技术示范基地，作为科学技术成果展示和人才培养的重要平台。示范基地应优先选择具有代表性的农田或产业园区，将先进的农业科学技术成果应用到示范田中，通过现场观摩、实践操作、互动交流等方式，让农民直观地感受科学技术的力量，培养他们的科学技术意识和技能。示范基地还可以作为科学技术人才培养和实训基地，通过校企合作、产学研结合等方式，引入高校、科研机构等外部资源，为乡村培养更多具备实践经验和创新能力的实用型人才。

整合社会资源，合力培育人才队伍。在政府的引导下，构建多方位、多主体的多元协同育人体系，积极为乡村人才队伍的培育寻求社会资源并搭建便利平台。首先，鼓励各类社会组织参与乡村人才的培训教育。各类社会组织可通过承接项目等多种形式，适当地分担地方政府的压力，为村民提供培训与指导，推动乡村人才的培育与成长，或通过提供公益捐款、公共服务以及宣传等方式来培养和壮大乡村人才队伍，积极推动各类人才队伍参与到乡村振兴的实践中，为当地乡村的建设贡献力量。其次，鼓励企业对乡村人才进行培育。各类企业作为乡村振兴的重要推动力量，也在不断地向乡村地区输送人才，为乡村培养人才，提升人才的专业技能。一是打造乡村人才孵化基地。目前，人才培养朝着企业与科研院所以及高校协同育人的方向发展。企业可借助这一资源，不断地向乡村地区输送人才。二是为乡村人才提供相关技能培训，将自身产业经济的发展与乡村振兴的现实需要相结合，对乡村人才进行专业的技能培训，使其获得新的农业技术。三是开展基地实践能力培训，为乡村人才提供实践工作场所，提升乡村人才的实践能力。

此外，开阔科学技术人才的国际化视野也是不容忽视的。随着全球化的深入发展，乡村产业同样面临着国际市场的竞争和挑战。因此，应鼓励和支持乡村科学技术人才参加国际交流、培训和合作项目，学习和借鉴国际先进的科学技术理念和技术手段，提升乡村产业的国际竞争力。

（三）搭建多平台，合理使用科学技术人才

在科学技术赋能乡村振兴的进程中，搭建多元化平台，高效利用科学技术人才资源，是推动乡村产业转型升级、实现高质量发展的核心策略之一①。这一策略旨在通过构建完善的科学技术人才管理和服务体系，激发科学技术人才的创新活力，促进科学技术成果的有效转化，为乡村振兴提供强有力的智力支持。

建立乡村科学技术人才数据库，实现人才资源的精准管理与配置。该数据库应涵盖科学技术人才的基本信息、专业技能、科研成果、工作经历等多

---

① 付小颖. 河南省科学技术创新助力乡村振兴的对策及建议［J］. 河南农业，2021(36)：49-50.

方面的数据，通过智能化、信息化手段进行动态更新和维护。通过数据库，我们可以对科学技术人才进行科学的分类、筛选和匹配，根据乡村产业发展的需要，精准地推荐和引进合适的科学技术人才。同时，数据库还可以作为科学技术人才评价和激励的依据，为人才的选拔、任用、晋升等提供数据支持。在此基础上，搭建乡村科学技术创新平台，为科学技术人才提供广阔的舞台。这些平台包括农业科学技术研发中心、农产品加工创新中心、乡村旅游规划设计中心等，旨在推动科学技术创新与乡村产业发展的深度融合。通过平台的建设和运营，我们可以吸引和集聚更多的科学技术人才，促进他们之间的交流和合作，共同攻克技术难题，推动科学技术成果的转化和应用。同时，平台还可以作为科学技术成果展示和交流的窗口，提升乡村产业的知名度和影响力。

建立和完善科学技术人才激励机制，激发科学技术人才的创新动力和工作热情。激励机制应涵盖物质奖励和精神激励两个方面，通过晋升、职称评定等方式，对在科学技术创新和成果转化方面取得突出成绩的科学技术人才给予表彰和奖励。同时，我们还可以探索股权激励、项目分红等长期激励方式，吸引和留住更多优秀科学技术人才。此外，还应注重为科学技术人才提供良好的工作环境和生活条件，解决他们的后顾之忧，让他们能够全身心地投入科学技术创新和成果转化工作中去。

推动产学研用深度融合，是实现科学技术成果高效转化的重要途径。我们应加强高校、科研机构、企业和乡村之间的合作与交流，通过项目合作、技术转移、人才培养等方式，实现科学技术成果的共享与转化。高校和科研机构可以发挥在基础研究和技术创新方面的优势，为乡村产业发展提供技术支持和智力支持；企业则可以发挥在市场化运营和产业化推广方面的优势，推动科学技术成果的商业化应用；乡村则可以作为科学技术成果的应用场景和试验田，为科学技术创新提供实践机会。

在推动产学研用深度融合的过程中，我们还应注重创新链、产业链、资金链和政策链的协同发力。通过整合各类创新资源，构建开放协同的创新生态体系，为乡村产业发展提供全方位、多层次的支持和服务。同时，我们还应加大政策引导和扶持力度，为科学技术人才创新创业和科学技术成果转化提供有力的政策保障。

（四）加强政策扶持，留住科学技术人才

在科学技术赋能乡村振兴的伟大实践中，科学技术人才作为关键要素，其稳定性与活力直接关系到乡村振兴的成效。因此，加强政策扶持，构建一套既能吸引又能留住科学技术人才的政策体系，成为推动乡村振兴不可或缺的一环。

制定并实施一系列具有吸引力的优惠政策，旨在降低科学技术人才的生活成本，提升他们的生活品质，从而提高其工作满意度和归属感。这些政策包括但不限于：提供具有竞争力的住房补贴，确保科学技术人才在乡村拥有稳定舒适的居住环境；设立专项基金支持科学技术人才子女的教育，提供优质的教育资源、减免学费等，解决其后顾之忧；实施个人所得税减免、社保补贴等财政政策，进一步减轻科学技术人才的经济负担。通过这些措施，我们旨在为人才营造的良好生活和工作环境，让科学技术人才愿意并能够长期扎根乡村，为乡村振兴贡献力量。

建立和完善科学技术人才评价机制，确保科学技术人才的贡献得到客观、公正的评价与认可。这要求我们不仅要关注科学技术成果的数量，更要注重其质量和对乡村产业发展的实际贡献。为此，可以设立科学技术成果奖、创新奖等荣誉奖项，对在科学技术创新、成果转化、技术推广等方面取得显著成绩的科学技术人才给予物质和精神上的双重奖励。同时，建立科学技术人才职称评定和晋升机制，将科学技术成果、创新能力作为职称评定和职务晋升的重要依据，以此激励科学技术人才不断提升自我，追求卓越。

加大知识产权保护力度，是保障科学技术人才合法权益、激发其创新动力的关键所在。乡村地区往往面临着知识产权保护意识薄弱、执法力度不足等问题，这在一定程度上影响了科学技术人才的创新积极性。因此，我们必须建立健全知识产权保护制度，加大对侵犯知识产权行为的打击力度，为科学技术人才的创新成果提供坚实的法律保障。同时，通过举办知识产权保护

培训班、设立知识产权咨询服务窗口等方式，提升乡村企业和科学技术人才的知识产权保护意识，营造良好的创新氛围。

在构建科学技术人才生态环境的过程中，我们还应注重人才的多元化和层次性。除了引进高层次科学技术人才，还应注重培养本土科学技术人才，特别是那些熟悉乡村情况、具有乡土情怀的人才。通过实施乡土人才培养计划、建立科学技术人才实训基地等措施，提升本土科学技术人才的技能水平和创新能力，使其成为乡村振兴的中坚力量。

此外，面对人才流失、资金短缺等挑战，我们需要进一步加大投入力度，优化人才政策。通过设立乡村振兴基金，为科学技术人才引进、培养、奖励等提供资金支持；同时，加强与金融机构的合作，拓宽融资渠道，为乡村科学技术创新和产业发展提供充足的资金保障。在人才政策方面，除了上述提到的优惠政策外，还可以探索柔性引才、项目合作等灵活多样的引才方式，吸引更多优秀人才为乡村振兴贡献智慧和力量。

三、建立健全科学技术成果转化机制

在科学技术赋能乡村振兴的过程中，建立健全科学技术成果转化机制是至关重要的一环，科学技术成果转化机制的高效运作，能够推动农业技术的快速普及和应用，提高农业生产效率，促进农村经济的可持续发展。下面从保障基础性与公益性农业技术服务、创新服务模式、探索社会化和市场化科学技术推广服务的多种实现形式三个方面进行详细阐述。

（一）保障基础性与公益性农业技术服务

保障基础性与公益性农业技术服务是科学技术成果转化机制的基础，对于提升农业生产水平、保障粮食安全、促进农民增收具有重要意义。

农业科学技术创新平台的建设是推动农业技术服务的关键。这些平台不仅是科研创新的摇篮，更是技术转化的加速器。因此，我们必须加大对农业科学技术创新平台的投入力度，不仅要建设一批设施先进、功能完备的农业科学技术研发中心、重点实验室和试验基地，还要汇聚一批高水平的科研人才，形成强大的研发团队。这些平台和团队应紧密围绕农业生产中的实际问题，开展科学研究和技术攻关，力求在关键领域和核心技术上取得突破。在构建农业科学技术创新平台的同时，我们还应建立健全农业技术服务体系，确保科学技术成果能够及时、有效地转化为农业生产力。这包括建立农业科学技术咨询热线、开设农业科学技术网站和微信公众号等线上服务平台，为农民提供便捷、高效的技术信息和咨询服务。同时，我们还应加强基层农技推广机构的建设和管理，提升农技推广人员的服务能力和水平，确保他们能够将先进的农业技术普及广大农村地区。

推广先进适用的农业技术是提升农业生产水平的重要途径。我们要通过农业科学技术推广服务，将经过科学验证的先进农业技术普及广大农村地区，帮助农民提高生产效率、降低成本、增加收入。这包括优良品种的选育和推广、高效施肥和灌溉技术的应用、病虫害的绿色防控等。在技术推广过程中，我们要注重实效，根据不同地区的自然条件和生产习惯，制定切实可行的技术推广方案，确保技术真正落地生根、开花结果。

此外，加强农业技术培训是提高农民科学技术素质、推动农业技术普及的重要手段。我们要组织专家和技术人员深入农村基层，开展形式多样的技术培训活动。培训内容要涵盖农业生产的各个环节，从种植、养殖到农产品加工和销售，确保农民能够掌握实用的农业技术和管理知识。同时，我们还要注重培训方式的创新，采用现场示范、互动教学、远程教育等多种方式，提高培训的针对性和实效性。

在强化基础性与公益性农业技术服务的过程中，我们还应注重政策的引导和支持。政府应出台相关政策，鼓励和支持农业科学技术创新和成果转化，为农业技术服务提供资金、税收等方面的优惠。同时，我们还应加强与社会各界的合作与交流，形成政府引导、企业主体、社会参与的多元化农业科学技术服务体系，共同推动农业技术的普及和应用。

（二）创新服务模式

在科学技术日新月异的今天，互联网技术和信息平台已成为推动各行各业转型升级的重要力量。对于农业科学技术而言，利用互联网技术和信息平台，构建"互联网+农业技术服务"体系，不仅能够有效提升农业技术服务的效率和扩大覆盖面，还能为农民提供更加精准、个性化的技术支持，助力乡村振兴。

我们应充分利用互联网技术的便捷性和高效性，打造农业技术服务平台。这些平台可以集成在线咨询、远程诊断、技术培训、市场动态等多种功能，为农民提供一站式、全方位的技术服务。农民只需通过手机或电脑，就能轻松获取到所需的农业技术信息。这大大降低了获取技术服务的门槛和成本。同时，平台还可以利用大数据分析技术，对农民的种植、养殖数据进行深入挖掘和分析，为农民提供精准化的种植和养殖建议，帮助他们优化生产决策，提高生产效率。在构建农业技术服务平台的过程中，我们应注重平台的互动性和参与性。通过设立在线问答、专家直播、技术论坛等栏目，鼓励农民与专家、技术人员进行互动交流，分享经验、解决问题。这种互动不仅能够帮助农民及时解决生产中遇到的技术难题，还能激发农民的学习热情和创新能力，形成积极向上的学习氛围。

我们应积极探索"互联网+农业技术服务"的新模式。例如，可以建立农业技术超市，将各种农业技术产品和服务进行线上展示和销售，方便农民根据自己的需求进行选择和购买。同时，我们还可以利用物联网技术，对农业生产过程进行实时监控和智能化管理，提高农业生产的精准度和智能化水平。此外，我们还可以尝试建立农业技术志愿服务体系，鼓励有技术、有经验的农民或专家为其他农民提供技术服务，形成互帮互助的良好风尚。在创新服务模式的过程中，我们还应注重技术的普及和推广。我们可以通过举办农业技术培训班、现场示范会等活动，将先进的农业技术和服务模式推广到广大农村地区。同时，我们还可以利用社交媒体、短视频等新媒体平台，以更加生动、直观的方式展示农业技术的魅力，吸引更多农民关注和参与。

此外，为了确保"互联网+农业技术服务"体系的不断完善和有效运行，我们还需要加强相关政策法规的制定和完善①。政府应出台相关政策，鼓励和

---

① 赵燕君."互联网+现代农业"赋能张家口乡村振兴的路径研究［J］. 当代农机，2024（10）：53-54.

支持互联网技术在农业技术服务领域的应用和创新,为农业技术服务提供资金、税收等方面的优惠。同时,我们还应加强网络安全和隐私保护等方面的监管,确保农民的个人信息和数据安全。

(三)探索社会化和市场化科学技术推广服务的多种实现形式

社会化和市场化科学技术推广服务是科学技术成果转化机制的重要组成部分,能够激发社会各方面的积极性和创造力,推动农业技术的快速普及和应用。

培育农业科学技术服务市场主体,鼓励和引导社会资本进入农业科学技术服务领域,培育一批具有竞争力的农业科学技术服务企业。这些企业可以通过提供技术咨询、技术转让等服务,为农民提供更加专业、高效的技术支持。利用市场机制,推动农业科学技术成果的转化和应用。同时,建立农业科学技术服务联盟,推动农业科学技术服务主体之间的交流与合作。科学技术服务联盟的建设,可以实现资源共享、优势互补,提高农业科学技术服务的整体水平和效率,还可以作为农业科学技术服务的重要平台,为农民提供更多的技术选择和服务支持。

推广农业科学技术服务品牌。加强农业科学技术服务平台的建设和推广,提高农业科学技术服务的知名度和影响力。通过品牌建设,可以树立农业科学技术服务的良好形象,提高农民对农业科学技术服务的信任度和满意度;还可以利用品牌效应,吸引更多的社会资本和人才进入农业科学技术服务领域。同时,创新农业科学技术服务融资模式。探索创新农业科学技术服务的融资模式,为农业科学技术服务提供充足的资金支持。可以通过政府引导基金、风险投资、社会资本等多种方式,为农业科学技术服务企业提供资金支持;还可以利用金融产品和服务创新,为农民提供更加便捷、高效的融资服务。

综上所述,建立健全科学技术成果转化机制是科学技术赋能乡村振兴的重要一环。通过保障基础性与公益性农业技术服务、创新服务模式、探索社会化和市场化科学技术推广服务的多种实现形式等措施,可以推动农业科学技术成果的快速转化和应用，提高农业生产的效率和质量，促进农村经济的可持续发展。

四、基层干部积极主动学习

在乡村振兴的伟大征程中，科学技术作为第一生产力，发挥着不可替代的作用。为了有效推动科学技术在乡村振兴中的深入应用，积极主动学习成为基层干部的一项至关重要的任务。下面将详细探讨基层干部如何通过学习科学技术知识、提升实践能力以及紧跟党的最新理论，来赋能乡村振兴。

（一）基层干部应加强科学技术知识理论学习

基层干部作为乡村振兴战略的直接实施者和领导者，其科学素养和技术能力直接关系到乡村振兴的成效。

基层干部应明确学习目标，将科学技术知识的学习作为提升自身能力的重要途径。在日常工作中，基层干部应将科学技术知识的学习纳入工作计划，形成制度化的学习机制。基层干部应通过参加各类培训课程、研读科学技术书籍、观看科普视频等多种方式，不断充实自身的科学技术知识储备，提升科学素养。同时，基层干部还应注重实践经验的积累，将所学知识应用到实际工作中，通过实践不断检验和提升自身的科学技术能力。

基层干部应密切关注农业科学技术前沿动态，把握农业科学技术发展的最新趋势。农业科学技术是乡村振兴的关键领域。基层干部应深入了解最新的农业科学技术成果和实用技术，如智能农业、精准农业、生物技术等，积极引进和推广先进的农业技术和设备。基层干部应通过组织农民参加技术培训、现场示范等方式，推动农业生产方式的转型升级，提高农业生产效率和产品质量。同时，基层干部还应注重农业科学技术的成果转化，将科学技术成果转化为农民看得见的经济效益，激发农民学习新技术、应用新技术的热情。

基层干部应加强科学技术政策学习，把握国家科学技术发展的方向和重点。科学技术政策是引导科学技术发展的重要手段。基层干部应深入学习国家关于科学技术创新和乡村振兴的方针政策，了解政策导向和支持重点。在此基础上，基层干部应结合本地实际，制定切实可行的科学技术发展规划和实施方案。基层干部应通过政策的引导和扶持，推动科学技术创新与乡村振兴的深度融合，为乡村振兴提供有力的科学技术支撑。

基层干部还应注重提升自身的创新能力和服务意识。在科学技术快速发展的时代，创新能力是基层干部必备的核心素养。基层干部应敢于尝试新技术、新方法，勇于探索科学技术创新在乡村振兴中的新应用、新路径。同时，基层干部还应树立服务意识，将科学技术服务作为乡村振兴的重要任务，为农民提供全方位、多层次的科学技术服务。基层干部应通过设立科学技术咨询热线、建立科学技术服务站等方式，为农民提供便捷、高效的科学技术服务，解决农民在生产中遇到的技术难题。

基层干部还应加强与其他地区的交流与合作，借鉴先进的科学技术管理经验和技术成果。基层干部应通过参加科学技术交流活动、参观考察等方式，学习其他地区在科学技术兴农方面的成功经验，结合自身实际进行创新和改进。同时，基层干部还应加强与其他部门的协作与配合，形成合力以推动乡村振兴。

（二）基层干部应提升运用科学技术的实践能力

推广农业科学技术应用，提高生产效率。基层干部应带头示范，积极推广农业科学技术应用。基层干部应通过组织农业科学技术培训、现场示范等方式，引导农民掌握先进的农业技术，提高农业生产效率和质量。同时，基层干部还应加强农业科学技术服务体系建设，为农民提供全方位的技术支持和服务。

推动农村信息化建设，促进产业升级。信息化建设是乡村振兴的重要支撑。基层干部应积极推动农村信息化建设，加强农村宽带网络、移动通信等基础设施建设，推动电子商务、智慧农业等新兴产业在农村的快速发展。基层干部应通过信息化手段，促进农产品销售、农村旅游等领域的产业升级和融合发展。同时，基层干部应加强科学技术项目管理，确保实施效果。科学技术项目的有效实施是科学技术赋能乡村振兴的重要保障。基层干部应加强对科学技术项目的管理和监督，确保项目资金的安全使用和项目的顺利实施。另外，基层干部还应注重项目的后期评估和反馈，及时总结经验教训，为后续项目的实施提供参考。

（三）基层干部应加强学习党的最新理论成果，提升自我思想觉悟

深入学习党的创新理论，把握时代脉搏。党的创新理论是我们各项工作的行动指南。基层干部应深入学习党的最新理论成果，把握时代脉搏和发展趋势。基层干部应通过理论学习，增强政治敏锐性和鉴别力，确保乡村振兴工作的正确方向。同时，基层干部应践行党的群众路线，密切联系群众。群众路线是党的生命线。基层干部应始终践行党的群众路线，密切联系群众，倾听群众呼声，关心群众疾苦。基层干部应通过深入基层、深入群众，了解他们的需求和期盼，以便制定更加符合实际的乡村振兴政策。

提高党性修养，提升道德品质。党性修养是基层干部的基本素质。基层干部应提高党性修养，坚定理想信念，保持清正廉洁的政治本色。通过加强学习、自我反思等方式，不断提升自身的道德品质和精神境界，为乡村振兴工作提供坚强的政治保障。同时，基层干部应结合实际创新方法，推动乡村振兴工作取得实效。基层干部在学习党的最新理论的同时，还应注重结合实际创新工作方法。基层干部应通过调查研究、总结经验等方式，探索适合本地实际的乡村振兴路径和模式。同时，基层干部还应加强与上级部门的沟通协调，争取更多的政策支持和资金扶持，推动乡村振兴工作取得实效。

基层领导干部积极主动学习科学技术知识、提升实践能力以及紧跟党的最新理论，是科学技术赋能乡村振兴的重要保障。通过加强学习、实践探索和创新方法等方式，基层干部可以不断提升自身的综合素质和能力水平，为乡村振兴工作提供更加有力的支持和保障。未来，随着乡村振兴战略的深入实施和科学技术的不断发展，基层干部在推动乡村振兴中的作用将更加凸显。因此，我们应当加强基层干部的培养和管理，为他们提供更好的学习机会和发展空间，让他们成为乡村振兴的中坚力量和生力军。

五、加强科学技术文化与乡土文化融合

在乡村振兴进程中，科学技术文化与乡土文化的融合是推动乡村全面振兴的重要路径。通过培养村民的乡土文化认同感、提升村民的科学技术文化素养以及推动文化产业结构升级，可以有效促进科学技术文化与乡土文化的深度融合，为乡村振兴注入新的活力。

（一）培养村民的乡土文化认同感

乡土文化作为乡村的灵魂，承载着乡村的历史记忆、价值观念和精神追求。培养村民的乡土文化认同感，有助于增强乡村的凝聚力和向心力，促进乡村社会的和谐稳定。

首先，加强乡土文化教育。在学校教育中，应增加乡土文化的教学内容，通过讲述乡村的历史、传统、习俗和故事，让年青一代了解和认同自己的乡土文化。同时，乡村可以定期举办文化讲座、展览和庆典活动，让村民亲身参与和体验乡土文化，加深对本土文化的理解和认同感。其次，保护乡土文化创新。结合现代科学技术手段，对乡土文化进行创新和传播。例如，利用社交媒体分享乡土文化的故事、音乐和手工艺品，吸引更多人的关注和参与。同时，可以引入创意产业，将传统手工艺与现代设计相结合，开发具有乡土特色的文化创意产品，提高乡土文化的知名度和影响力。最后，保护乡土文化遗产。建立乡土文化遗产保护机构，对乡村的历史建筑、传承技艺、民俗活动等进行保护和传承。通过修缮历史建筑、举办传统节日庙会、展示传统手工艺等方式，让村民感受到传统文化的魅力，增强对乡土文化的自豪感和归属感。

（二）提升村民的科学技术文化素养

科学技术文化素养是村民适应现代社会发展、实现自我提升的重要基础。提升村民的科学技术文化素养，有助于推动乡村科学技术的普及和应用，促进乡村经济的转型升级。

加强农业技术培训。组织专业技术人员为村民提供农业技术培训，包括种植、养殖、病虫害防治等方面的知识和技能。通过举办培训班、现场示范和远程教学等方式，提高村民的科学技术水平和农业生产能力。同时，推广科学种植及健康养殖知识。向村民宣传科学种植和健康养殖知识，鼓励他们采用高效、绿色的农业生产方式。通过推广有机肥料、生物防治等生态技术，提高农产品的品质和安全性，增加农民的收入。

建立农业科学技术示范基地。在乡村建立农业科学技术示范基地，展示现代农业技术和先进农业生产模式。通过实地观摩和学习，村民可以了解并掌握先进的农业科学技术知识，提高科学技术应用能力。同时，要加强科学技术宣传教育。利用农村广播、电视、报纸等媒体，向村民普及科学技术知识，宣传现代农业技术和科学种植、养殖方法。通过举办科学技术讲座、科普展览等活动，加深村民对科学技术的认知和理解，激发他们的科学技术热情和创新精神。

（三）推动文化产业结构升级

文化产业作为乡村经济的重要组成部分，具有巨大的发展潜力。推动文化产业结构的升级，有助于促进乡村经济的多元化发展，提高乡村的综合竞争力。

首先，发展乡村旅游。依托乡村的自然风光和人文资源，发展乡村旅游产业。通过建设优质的旅游基础设施、打造乡村特色旅游线路、举办文化节庆活动等方式，吸引游客前来观光、休闲和体验乡村文化，增加农民的收入来源。同时，培育文化创意产业。鼓励村民创建与文化相关的产业，如乡村民宿、手工艺品制作、传统美食加工等。通过提供创业培训和扶持，提升村民的创业能力和产品质量，推动文化创意产业的发展。此外，可以引入文化创意企业，为乡村文化提供资金、技术和产业支持。其次，推动文化产业融合创新。推动文化产业与科学技术、农业、旅游等相关产业的深度融合创新。例如，将传统手工艺与现代设计相结合，开发具有乡土特色的文化创意产品；将乡村文化与旅游休闲相结合，打造集农耕体验、田园观光、教育展示于一体的乡村旅游项目；将文化产业与农业科学技术相结合，利用现代科学技术手段保护和传承乡土文化，使传统文化焕发新活力。再次，加强文化产业人才培养。加大对文化产业人才的培养和引进力度。通过设立文化产业人才培训基地、举办文化产业人才培训班等方式，培养一批懂文化、会经营、善管理的文化产业人才。最后，引进国内外优秀的文化产业人才和团队，为乡村文化产业的发展提供智力支持。

综上所述，强化科学技术文化与乡土文化的融合是推动乡村振兴的重要路径。通过培养村民的乡土文化认同感、提升村民的科学技术文化素养以及推动文化产业结构升级，可以有效促进乡村的全面振兴和发展。在未来的工作中，应继续加强科学技术文化与乡土文化的融合创新，为乡村振兴注入更多的活力和动力。

第二节 科学技术赋能乡村振兴的保障措施

科学技术赋能乡村振兴是一个复杂而系统的工程，涉及多方面的保障措施。本节将从组织保障、技术保障、资金保障三个方面，详细阐述科学技术赋能乡村振兴的保障措施。

一、组织保障

组织保障是科学技术赋能乡村振兴的基石，包括发挥党的全面领导作用、改善政策环境、坚持"以人民为中心"的服务理念、强化政府引领作用等多个方面，以下是具体措施。

（一）发挥党的全面领导作用，转变思维观念

党的全面领导是确保乡村振兴工作有序、高效推进的根本保障。在科学技术赋能乡村振兴的进程中，各级党组织必须充分发挥领导核心作用，确保党的路线、方针、政策得到全面贯彻落实，为乡村振兴提供坚强的政治和组织保障。

一是加强党的领导核心作用，确保科学技术兴农战略深入实施。各级党组织应将乡村振兴工作纳入重要议事日程，明确责任分工，强化工作落实。通过加强党的建设，提高党组织的凝聚力和战斗力，确保科学技术在乡村振兴中得到有效应用。同时，党组织还应加强对科学技术工作的领导，推动科学技术创新与农业生产深度融合，为乡村振兴提供强大的科学技术支撑。

二是转变传统思维观念，推动创新发展理念深入人心。乡村振兴需要新思维、新观念的引领。各级领导干部应带头学习新知识、新技能，提高自身的科学文化素养和创新能力，成为乡村振兴的引领者和推动者。同时，要加强科学技术教育，提高农民群众的科学技术意识和应用能力，激发他们的创新热情和创造活力。通过举办科学技术讲座、培训班、现场示范等活动，引导农民群众了解科学技术、学习科学技术、应用科学技术，让科学技术成为推动乡村振兴的重要力量。在改变农民思维观念的过程中，各级党组织还应注重培养农民的自主创新能力。鼓励农民群众结合本地实际，探索适合自身发展的科学技术创新路径，推动农业生产方式转型升级。同时，要加强知识产权保护，维护农民的合法权益，激发他们参与科学技术创新的积极性。

（二）改善政策环境，找准发展方向

大力完善政策体系。要发挥科学技术在乡村振兴中的作用，必须完善相关政策体系。各级政府和相关部门应制定并出台一系列支持科学技术创新和成果转化的政策措施，为科学技术赋能乡村振兴提供有力的政策保障[①]。进一步明确发展方向和目标。乡村振兴是一项长期而艰巨的任务，必须明确发展方向和目标。各级政府和相关部门应根据本地实际情况，制定科学合理的乡村振兴规划和实施方案，明确科学技术在乡村振兴中的重点任务和具体目标。通过明确发展方向和目标，为科学技术赋能乡村振兴提供清晰的指导。同时，加强政策宣传和解读。为了确保政策的有效实施，必须加强政策宣传和解读工作。各级政府和相关部门应通过多种形式，如召开会议、发布文件、举办

---

① 刘巧，马晓荣. 数字化技术助推乡村振兴的途径与实践研究［J］. 农村经济与科学技术，2023，34（24）：149-152.

讲座等，向广大农民群众宣传并帮助他们解读相关政策措施，提高他们对政策的知晓度和认同感。此外，要加强政策执行的监督检查，确保政策落到实处。

（三）坚持"以人民为中心"的服务理念

科学技术赋能乡村振兴，不仅是一场技术革命，更是一次深刻的社会变革。在这一进程中，坚持"以人民为中心"的服务理念，深入了解农民需求，提供精准服务，确保农民在科学技术进步中获得实实在在的利益，是科学技术赋能乡村振兴的重要保障。

采取有效措施深入了解农民需求，是科学技术赋能乡村振兴的前提和基础。各级政府和相关部门应通过多种方式，如调研走访、问卷调查、座谈会等，深入了解农民在生产生活中遇到的实际困难和问题，以及他们对科学技术的需求和期望。这些需求可能涉及农业生产技术的提升、农产品加工与销售的改进、农村生活环境的改善等多个方面。通过深入了解农民需求，我们可以更加精准地把握乡村振兴的切入点和着力点，为科学技术赋能乡村振兴提供有针对性的支持。在深入了解农民需求的基础上，各级政府和相关部门应提供精准的服务。这包括：组织专家团队深入农村开展科学技术指导和培训，帮助农民掌握先进的农业技术和管理方法；建立科学技术服务平台，为农民提供信息查询、技术咨询、成果转化等"一站式"服务；加强与高校、科研院所等机构的合作，引进和推广先进的科学技术成果和技术。这些服务应紧密贴合农民的实际需求，确保科学技术成果能够真正转化为农民的生产力，提高他们的生产效率和生活质量。

在科学技术赋能乡村振兴的过程中，必须注重农民的参与。农民是乡村振兴的主体，是推动乡村振兴的重要力量。因此，各级政府和相关部门应尊重农民的主体地位，充分发挥他们的积极性和创造性。这可以通过建立农民参与机制，让农民在科学技术项目的选择、实施、评估等过程中发挥重要作用；通过加强农民培训和教育，提高他们的科学技术素养和创新能力；通过鼓励农民自主创新和创业，激发他们的内在动力。同时，要关注农民的收益情况，确保他们在科学技术进步中获得实实在在的利益。这可以通过建立利益联结机制，让农民在科学技术成果转化中获得更多的收益；通过加强农产品品牌建设，提高农产品的附加值和市场竞争力，从而增加农民的收入；通过改善农村基础设施和公共服务，提高农民的生活质量和幸福感。

在坚持"以人民为中心"的服务理念的过程中，还应注重营造和谐的乡村社会氛围。通过加强乡村文化建设，提高农民的道德素质和文明程度；通过加强乡村社会治理，维护乡村社会的和谐稳定；通过加强乡村生态文明建设，保护乡村的自然环境和生态资源。这些措施有助于营造积极向上的乡村社会氛围，为科学技术赋能乡村振兴提供良好的社会环境。

（四）强化政府引领作用，建立健全法律法规

不断加强政府的规划引领。政府在科学技术赋能乡村振兴中发挥着重要的引领作用。各级政府和相关部门应制定科学合理的规划方案，明确科学技术在乡村振兴中的定位和作用，加强规划的统筹协调，确保各项政策措施和工程项目的顺利进行。同时，为保障科学技术在乡村振兴中的有效应用，必须建立健全相关的法律法规体系。各级政府和相关部门应制定并出台一系列法律法规和政策文件，明确科学技术在乡村振兴中的法律地位、权利义务和责任追究等方面的内容。此外，要加大法律法规的宣传教育和执行力度，确保科学技术在乡村振兴中依法依规进行。

为了确保科学技术赋能乡村振兴的顺利实施，必须加强监管和评估工作。各级政府和相关部门应建立完善的监管机制，对科学技术在乡村振兴中的应用情况进行定期检查和评估。同时，要建立科学的评估指标体系，对科学技术赋能乡村振兴的成效进行客观评价。通过加强监管和评估，及时发现和解决存在的问题，推动科学技术赋能乡村振兴的持续发展。此外，还需加强跨部门协作。各级政府和相关部门应建立协调机制，加强信息共享和资源整合，形成工作合力，明确各部门的职责分工和协作方式，确保各项工作有序进行。通过推动跨部门协作，提高科学技术赋能乡村振兴的效率和效果。

此外，除了政府的主导作用，还应鼓励社会各界积极参与科学技术赋能

乡村振兴的工作。各级政府和相关部门应加强与高校、企业等机构的合作，引进先进的科学技术成果和技术。同时，要发挥社会组织、志愿者等的作用，为科学技术赋能乡村振兴提供支持和帮助。通过鼓励社会参与，营造全社会共同推动乡村振兴的良好氛围。

组织保障是科学技术赋能乡村振兴的重要基础。通过发挥党的全面领导作用、改善政策环境、坚持"以人民为中心"的服务理念、强化政府引领作用等措施，可以为科学技术赋能乡村振兴战略的深入实施和科学技术的不断进步提供保障。我们相信，科学技术将在乡村振兴中发挥更加重要的作用。

二、技术保障

技术保障是科学技术赋能乡村振兴的基石。通过优化乡村科研环境、加强科学技术宣传教育、推广农业科学技术成果，可以推动科学技术在乡村地区的广泛应用和深入发展。

（一）优化乡村科研环境，为科学技术创新提供坚实的基础

加大科研投入是优化乡村科研环境的首要任务。因此，国家和地方政府应高度重视农村科研工作，为农村科研项目提供稳定而充足的资金支持。这些资金应重点投向与农业可持续发展、农村生态环境保护、农产品加工升级等密切相关的领域，以推动这些领域的科学技术创新和成果转化。同时，政府还应通过税收优惠、资金补助等政策，鼓励企业和个人参与农村科研活动，形成多元化的科研投入体系。

此外，优化科研管理机制是提升乡村科研环境的重要保障。我们应建立健全科研项目申报、审批、执行和验收机制，确保科研活动的规范性和有效性。在项目申报阶段，应明确科研目标和预期成果，确保项目的科学性和可行性；在科研项目审批阶段，应加强对项目申请的审核和评估，确保资源的合理配置和有效利用；在科研项目执行阶段，应加强对项目进展的跟踪和监督，确保科研活动的顺利进行；在科研项目验收阶段，应严格按照合同和计划进行成果评估，确保科研目标的实现和成果的转化。同时，加强科研项目

的过程管理和成果评估也是完善科研管理机制的重要环节。我们应建立完善的科研项目过程管理制度，对科研项目的进度、质量、经费使用等进行实时监控和评估。对于优秀的科研成果，应给予表彰和奖励，以激发科研人员的积极性和创造力。此外，还应促进科研成果的转化和推广，推动科研成果与农业生产紧密结合，为乡村振兴提供有力的科学技术支撑。

　　除此之外，加强国际交流与合作是提升乡村科研环境的重要途径。我们应积极参与国际农业科学技术合作项目，引进国外先进的科研成果和技术，提高我国乡村科研水平。通过与国际先进科研机构和企业的合作，我们可以借鉴他们的成功经验和技术优势，推动我国农业科学技术的快速发展。同时，鼓励国内科研人员参加国际学术会议和研讨会，也是提升我国乡村科研水平的有效途径。这些活动不仅可以拓宽我们的视野，使我们了解国际农业科学技术的发展趋势和前沿动态，还可以促进与国际同行的交流与合作，从而推动农业科学技术的进步和创新。在加强国际交流与合作的过程中，我们应注重培养国际化的科研人才，为科研人员提供更多的学习和锻炼机会，提高他们的专业素养和创新能力。同时，我们还可以引进国际优秀的科研人才和团队，为我国乡村科研注入新的活力和动力。

（二）加强科学技术宣传教育

　　普及科学知识是加强科学技术宣传教育的必由之路。科学知识是科学技术创新与应用的基础，只有让村民掌握一定的科学知识，才能使他们更好地理解和应用新技术[①]。因此，我们应充分利用广播、电视、网络等媒体平台，通过科普讲座、展览等活动，向村民普及科学知识，提高他们的科学素养。这些活动应贴近村民的生活实际，用通俗易懂的语言和生动的案例，让他们感受到科学的魅力和实用性。在普及科学知识的过程中，我们应特别关注青少年群体。青少年是国家的未来和希望，他们的科学素养将直接影响到国家未来的科学技术创新能力。因此，我们应通过学校教育、课外活动等多种方

式，培养青少年的科学兴趣和创新能力，为他们未来的科学技术之路打下坚实的基础。

推广实用技术是加强科学技术宣传教育的核心内容。技术是推动乡村振兴的重要力量，只有将先进的技术应用到农业生产中，才能提高农业生产效率，增加农民收入。因此，我们应根据乡村地区的实际情况和农民需求，推广适合当地发展的实用技术，如节水灌溉技术、病虫害绿色防控技术、农产品加工技术等。这些技术应具有操作简便、成本低廉、效果显著等特点，让农民能够真正受益。在推广实用技术的过程中，我们应注重技术培训与现场示范。技术培训可以帮助农民掌握新技术的基本原理和操作方法，提高他们的技术应用能力。现场示范则可以让农民直观地看到新技术的效果，增强他们应用新技术的信心和动力。通过技术培训与现场示范相结合的方式，我们可以有效推动新技术在乡村地区的普及与应用。

此外，构建科普网络是加强科学技术宣传教育的重要支撑。科普网络是连接科学家与公众、技术与应用的桥梁。我们应建立健全乡村科普服务体系，包括科普基地、科普场馆、科普网站等，为村民提供便捷的科普服务。我们应定期举办科普活动，如科学技术展览、科普讲座、科学技术竞赛等，吸引村民积极参与，提高他们的科学素养和创新能力。在构建科普网络的过程中，我们还应注重科普资源的整合与共享，通过整合政府、企业、学校、科研机构等多方面的科普资源，形成科普合力，提高科普工作的效率和效果。同时，我们还应加强科普资源的数字化建设，利用互联网、大数据等现代信息技术手段，打造线上科普平台，让村民能够随时随地获取科普知识和技术信息。

（三）推广农业科学技术成果

首先，建立科学技术成果转化机制。推广农业科学技术成果需要建立有效的科学技术成果转化机制。应明确科学技术成果转化的目标和任务，制订具体的转化计划和实施方案。同时，加强科学技术成果评估和市场调研，确保科学技术成果的转化具有市场潜力和经济效益。

其次，搭建科学技术成果转化平台。搭建科学技术成果转化平台是推广农业科学技术成果的重要途径。应建立农业科学技术成果转化服务中心、技术转移机构等服务平台，为科学技术成果的转化提供技术支持、信息咨询和法律服务。同时，加强农业技术推广是推广农业科学技术成果的关键。应建立健全农业技术推广服务体系，建立技术推广站、农业科学技术园区等，为农民提供及时、有效的技术推广服务。

再次，培育农业科学技术型企业。培育农业科学技术型企业是推广农业科学技术成果的重要力量。应加大对农业科学技术型企业的扶持力度，通过提供财政补贴、税收优惠等，鼓励企业加大研发投入和成果转化力度。同时，加强农业科学技术型企业与高校、科研机构的合作与交流，推动产学研深度融合。

又次，推动农业科学技术创新与示范是推广农业科学技术成果的重要手段。应设立农业科学技术创新示范区、农业科学技术园区等示范区，通过引进、示范和推广先进的农业科学技术成果，带动周边地区农业科学技术的快速发展。同时，加强对示范区的管理和指导，确保示范效果的显著性和可持续性。

最后，加强农业科学技术国际合作。加强农业科学技术国际合作是推广农业科学技术成果的重要途径。应积极参与国际农业科学技术合作项目，引进国外先进的农业科学技术成果和技术。同时，加强与国际农业科学技术组织的交流与合作，共同推动全球农业科学技术的进步与发展。

科学技术赋能乡村振兴是实现乡村振兴战略目标的重要途径。优化乡村科研环境、加强科学技术宣传教育和推广农业科学技术成果等保障措施的实施，可以推动科学技术在乡村地区的广泛应用和深入发展。未来，应继续加强这些方面的工作，不断完善和优化保障体系，为乡村振兴提供更加有力的科学技术支撑和保障。同时，也应关注农民的实际需求和利益诉求，确保科学技术的发展成果能够真正惠及广大农民群众。

三、资金保障

资金保障是科学技术赋能乡村振兴的关键环节。通过优化乡村金融环境、加大乡村科学技术赋能投入，可以确保乡村振兴项目有足够的资金支持，推动科学技术赋能乡村振兴的深入实施。

（一）优化乡村金融环境，把握关键

优化乡村金融环境是确保科学技术赋能乡村振兴资金保障的关键。这不仅要求我们在完善乡村金融体系、创新金融产品与服务上下功夫，还需要加强金融监管与风险防范，为乡村振兴提供稳定、可持续的金融支持。

完善乡村金融体系是优化乡村金融环境的基础。我们应建立健全多元化的乡村金融服务机构，包括农村信用社、农村商业银行、村镇银行等，以满足不同层次、不同需求的乡村金融服务。这些机构应深入乡村，了解农民和农业企业的实际需求，提供定制化、差异化的金融服务。同时，鼓励商业银行在乡村地区设立分支机构，扩大金融服务覆盖面，提高金融服务的可得性和便捷性。在完善乡村金融体系的过程中，我们还应注重提升乡村金融机构的服务质量和效率。通过引入现代信息技术，如大数据、人工智能等，优化金融服务流程，提高服务效率。同时，加强乡村金融机构的人才队伍建设，提高员工的专业素养和服务意识，为农民和农业企业提供更加优质、高效的金融服务。

创新金融产品与服务是优化乡村金融环境的重要手段。针对乡村地区的特点和需求，我们应开发适合农民和农业企业的金融产品，如小额信贷、农业保险、农业供应链金融等。小额信贷可以帮助农民解决生产资金短缺问题，促进农业生产的发展；农业保险可以为农民提供风险保障，降低自然灾害和市场波动对农业生产的影响；农业供应链金融则可以为农业企业提供资金支持，促进农业产业链的整合和优化。在创新金融产品与服务的过程中，我们还应注重提高金融服务的便捷性和效率。通过优化服务流程、简化审批手续、降低融资成本等措施，降低农民和农业企业获得金融服务的门槛和成本。同时，加强金融知识的普及和宣传，提高农民和农业企业的金融素养和风险意识，引导他们合理、有效地利用金融资源。

加强金融监管与风险防范是优化乡村金融环境的保障。我们应建立健全金融监管机制，加强对乡村金融机构的监管，确保其合规经营、稳健发展。同时，加强对农民和农业企业的金融风险教育，提高他们的风险意识和防范能力。在金融监管过程中，我们还应注重保护农民和农业企业的合法权益，防止他们因金融风险而遭受损失。

为了进一步加强金融监管与风险防范，我们还可以引入第三方机构进行风险评估和监测。这些机构可以运用专业的风险评估模型和监测技术，对农村金融机构和农民、农业企业的金融风险进行实时监测和预警，为金融监管提供有力的技术支持。

（二）加大乡村科学技术赋能投入

设立专项基金。为了加大对乡村科学技术赋能的投入，应设立专项基金，用于支持乡村科学技术创新和科学技术成果转化。这些基金可以来源于政府财政拨款、社会资本投入以及国际援助等。专项基金的支持，可以推动乡村科学技术项目的实施，提高科学技术赋能乡村振兴的效果。

鼓励社会资本投入。鼓励社会资本投入是加大乡村科学技术赋能投入的重要途径。政府应制定优惠政策，吸引社会资本参与乡村科学技术项目投资和运营。例如，可以通过税收优惠、财政补贴等方式，降低社会资本的投资成本，提高投资回报率。

优化资金配置与使用。优化资金配置与使用是确保乡村科学技术赋能投入有效性的重要保障。应建立健全资金管理机制，加强对资金使用的监管和评估。通过合理配置资金，确保乡村科学技术项目的顺利实施和科学技术成果的及时转化。同时，加强对资金使用情况的跟踪和反馈，及时调整和优化资金配置方案。

科学技术赋能乡村振兴是实现乡村振兴战略目标的重要途径。资金保障是科学技术赋能乡村振兴的关键环节。优化乡村金融环境、加大乡村科学技术赋能投入等保障措施的实施，可以确保乡村振兴项目有足够的资金支持，推动科学技术赋能乡村振兴的深入实施。未来，应继续加强这些方面的工作，不断完善和优化保障体系，为乡村振兴提供更加有力的资金支持和保障。同时，也应关注农民的实际需求和利益诉求，确保科学技术的发展成果能够真正惠及广大农民群众。

总之，在乡村振兴伟大征程中，科学技术赋能无疑是一条光明大道，不仅能推动乡村经济发展，还能提高农民生活质量，促进社会全面进步。上述具体策略与保障措施的深入实施，不仅能实现乡村基础设施的显著完善，还能使科学技术人才在乡村沃土上茁壮成长，通过科学技术成果转化带来巨大的经济效益和社会效益。组织保障为科学技术赋能乡村振兴提供了坚强的后盾。党的全面领导确保了发展方向的正确性，政策的持续优化和政府的积极引领为乡村振兴创造了良好的外部环境。技术保障的强化，则让乡村科研环境得到了显著提升。科学技术宣传教育的普及，使更多村民能够享受到科学技术进步带来的红利。资金保障的多方面投入，是为乡村振兴注入了源源不断的动力，确保了各项科学技术项目的顺利实施。

当然，乡村振兴是一个长期而复杂的过程，需要全社会的共同努力和持续关注。在未来的发展中，我们还需不断探索新的科学技术应用模式，拓宽资金来源渠道，加强人才培养和引进，深化文化融合等方面的工作。只有这样，才能真正实现乡村振兴的全面、协调、可持续发展。回首过去，我们已取得了显著的成就；展望未来，乡村振兴仍然任重而道远。让我们携手并进，以科学技术为引领，以乡村振兴为己任，共同书写新时代中国农村的辉煌篇章。在党和政府的坚强领导下，在全社会的共同努力下，相信乡村振兴的美好愿景必将一步步变为现实，为广大农民群众带来更加幸福美好的生活。

结　语

　　总之，科学技术作为社会发展的基石与动力，在我国乡村振兴战略实施中扮演着重要的角色，要充分发挥科学技术的鲜明优势，依赖于科学技术和改革双轮驱动加快建设农业强国，实现农业现代化。本书通过梳理科学技术赋能乡村振兴的现状、问题及成因，提出了针对性的解决策略。具体来看，一是提升乡村基础设施建设水平；二是培养与引进科学技术人才；三是建立健全科学技术成果转化机制；四是基层干部积极主动学习；五是加强科学技术文化与乡土文化融合。通过一系列举措来发挥科学技术在乡村振兴中的积极效用，为我国乡村振兴战略的顺利实施提供动力与保障。

参考文献

［1］邱国梁，张楷龙，张国良，等. 科学技术帮扶西部脱贫山区农业产业振兴的实践与思考——以甘肃舟曲和贵州台江科学技术帮扶实践为例［J］. 农业展望，2024(09)：1-8.

［2］贾立辉，刘成元，马文惠，等. 科学技术助力吉林乡村振兴 培育发展地方特色产业［J］. 农业与技术，2024，44(22)：160-163.

［3］曹瑞. 乡村振兴视野下农业科学技术园区的规划建设路径［J］. 农业开发与装备，2024(11)：10-12.

［4］李红波. 数字乡村赋能乡村振兴的发展路径研究［J］. 现代农机，2024(06)：20-22.

［5］李占风，曾炬. 新质生产力对乡村振兴的影响效应检验［J］. 统计与决策，2024，40(21)：23-28.

［6］沈俊鑫，赵卉紫，彭媛. 数字经济赋能乡村振兴的组态及路径分析——以江西省为例［J］. 农林经济管理学报，2025(01)：1-13.

［7］于倩，柳瑞琪. 乡村旅游智慧化助力乡村振兴的发展策略与实践案例分析［J］. 山西农经，2024(21)：127-129.

［8］赵锦，杜彩兰. 乡村振兴背景下农业机械化高质量发展的突出问题与因应之策［J］. 农业经济，2024(11)：31-33.

［9］孟崴. 乡村振兴背景下农业品牌竞争力的提升对策［J］. 农业经济，2024(11)：129-131.

［10］徐宁，付罗莎. 数字生产力助推乡村振兴的价值意蕴及实践路径［J］. 哈尔滨师范大学社会科学学报，2024，15(06)：54-58.

［11］常雯媛. 乡村振兴背景下智慧农业的发展路径［J］. 农村科学实验，2024(21)：178-180.

［12］周梦真. 乡村振兴背景下新质生产力的发展路径探析［J］. 农村科学实验，2024(21)：175-177.

［13］郭岩福. 农业机械化助力乡村振兴［J］. 新农民，2024(31)：106-108.

［14］苏云. 新质生产力赋能下乡村振兴的现实困境与实现路径研究［J］. 蚌埠学院学报，2024，13(06)：1-6.

［15］万晓. 科学技术创新投入与产出对咸宁经济高质量发展的影响研究［J］. 湖北科学技术学院学报，2024，44(06)：38-44.

［16］王金伟，李洪鑫，彭晖. 乡村振兴视域下数字科学技术赋能文旅融合的逻辑与路径［J］. 旅游学刊，2024，39(11)：11-13.

［17］闫慧琴. 山西省科学技术创新助力乡村振兴路径研究［J］. 经济师，2024(11)：143-145，151.

［18］罗慧，李敬锁. 科学技术特派员助力乡村振兴的推进路径及其效果研究——基于山东省116期访谈资料的扎根分析［J］. 中国科学技术论坛，2024(11)：20-29.

［19］刘庆华. 乡村振兴视野下关于乡村产业振兴实现路径的思考［J］. 农家参谋，2024(31)：11-12.

［20］周重. 乡村振兴战略下推动乡村人才振兴的困境与出路［J］. 新西部，2024(10)：118-121.

［21］叶良均，陶新珍. 中央一号文件视角下新时代农业科学技术政策的价值取向［J］. 河北农业大学学报(社会科学版)，2024，26(05)：13-21.

［22］韩莹莹，何景春. 乡村振兴背景下乡村产业发展的困境及提升路径［J］. 山西农经，2024(20)：25-28.

［23］乔玉，邵凯欣. 乡村振兴视域下农业农村现代化发展路径研究［J］. 山西农经，2024(20)：147-149.

［24］刘玉萍，庞辉. 新质生产力赋能西部乡村振兴的内在逻辑与实践路径
［J］. 西昌学院学报(社会科学版)，2025(01)：1-13.

［25］谭佳祎. 以新质生产力解锁乡村振兴的新力量［J］. 国际公关，2024
(20)：68-70.

［26］王海菱. 数字技术为乡村振兴赋能——各地应用案例集锦［J］. 大数据
时代，2024(10)：75-80.

［27］张梦琦，王明. 金融科学技术赋能农业新质生产力研究［J］. 上海供销
合作经济，2024(05)：28-29.

［28］赵燕君."互联网+现代农业"赋能张家口乡村振兴的路径研究［J］. 当
代农机，2024(10)：53-54.

［29］李夏璐. 乡村振兴视域下农业经济管理的优化策略探讨［J］. 当代农
机，2024(10)：57,60.

［30］彭勃，王可. 数字产业发展对乡村振兴质量的影响［J］. 广西糖业，
2024，44(05)：383-390.

［31］白云萍. 数字农业赋能乡村振兴路径研究［J］. 陕西农业科学，2024，
70(10)：112-115，120.

［32］张文欣. 数字技术助力乡村振兴的挑战与对策［J］. 陕西农业科学，
2024，70(10)：98-102.

［33］钟小清，赵魔. 新质生产力赋能乡村振兴的作用机制、现实困境和实践
路径［J］. 西安建筑科学技术大学学报(社会科学版)，2024，43(05)：
68-77.

［34］楚方元. 数字经济时代农村电子商务助力乡村振兴路径探讨［J］. 中国
集体经济，2024(30)：17-20.

［35］齐欣，黄玉芳，赵亚南，等. 河南科学技术小院助力乡村振兴的探索实
践［J］. 智慧农业导刊，2024，4(21)：193-196.

［36］张源容，高阳. 新质生产力赋能乡村振兴的三重逻辑［J］. 东北农业科
学，2024，49(05)：109-112.

［37］陈丽敏. 乡村振兴视域下新型农村集体经济发展路径探析［J］. 中国集

体经济，2024（30）：1-4.

［38］张水丰，王怡平，杨炎美，等.乡村振兴共富模式实践路径研究——借鉴德国乡村振兴模式［J］.浙江建筑，2024，41（05）：105-108.

［39］吴倩珺，和学新.乡村人才振兴与产业振兴的互动关系探究［J］.南方农机，2024，55（20）：111-114.

［40］陈震寰.科教融汇助推高职教育赋能乡村振兴的机制与路径［J］.农村科学实验，2024（20）：175-177.

［41］唐俊.乡村振兴视域下数字乡村建设的提升路径［J］.农村科学实验，2024（20）：184-186.

［42］朱洪鹏.乡村振兴视野下乡村产业振兴现实路径初探［J］.河南农业，2024（20）：4-6.

［43］韦奉京.乡村振兴背景下农业机械推广的策略研究［J］.河北农机，2024（20）：142-144.

［44］赵馨怡，李艳霞，戴千惠，等.乡村振兴背景下基层农业技术推广策略［J］.河北农机，2024（20）：145-147.

［45］薛强.乡村振兴背景下农业经济发展面临的机遇和应对［J］.河北农机，2024（20）：151-153.

［46］赵娜.乡村振兴视域下农业经济发展机遇与对策分析［J］.河北农机，2024（20）：157-159.

［47］钟舜彬，黄明清.数字普惠金融与乡村振兴：传导机制及动态效应［J］.盐城工学院学报（社会科学版），2024，37（05）：40-45.

［48］汪鹏程.以"新农人"培育促进乡村全面振兴的县域实践［J］.重庆行政，2024，25（05）：107-108.

［49］张智奎.统筹推进"五个振兴"加快建设国家乡村振兴示范区［J］.重庆行政，2024，25（05）：24-26.

［50］姚晶晶.数字化视域下乡村振兴战略的现实境遇与路径推进［J］.农机市场，2024（10）：73-75.

［51］徐辉，王儒年.乡村特色产业赋能乡村振兴的现实困境与行动路径

[J]. 辽宁农业科学，2024(05)：68-72.

[52] 张金鑫，岳天定，周斐. 科学技术金融赋能乡村振兴刍议 [J]. 农业发展与金融，2024(10)：69-71.

[53] 仝畅，刘莹，徐高翔，等. 新质生产力赋能乡村振兴的策略探析 [J]. 云南科学技术管理，2024，37(05)：1-4.

[54] 李静. 乡村振兴战略下西安农业科学技术人才的培养 [J]. 农村经济与科学技术，2024，35(19)：119-121.

[55] 李静芳，李东龙. 新质生产力助推内蒙古乡村振兴的路径 [J]. 农村经济与科学技术，2024，35(19)：148-152.

[56] 郝年华. 乡村振兴战略背景下农村经济发展路径 [J]. 农村经济与科学技术，2024，35(19)：180-182，203.

[57] 宋红军. 乡村振兴背景下数字农业的发展前景、困境与对策 [J]. 新农民，2024(29)：8-10.

[58] 王阳. 农村数字普惠金融助力乡村振兴的路径研究 [J]. 金融客，2024(10)：14-16.

[59] 张贾贾. 乡村振兴背景下新安县"千唐红"5G 数字辣椒产业发展的思考 [J]. 基层农技推广，2024，12(10)：65-67.

[60] 韩立英，范希峰，阚海明，等. 乡村振兴背景下加强农业科研院所学科建设的思考 [J]. 江苏科学技术信息，2024，41(19)：47-50.

[61] 郭玉杰. 数字普惠金融赋能乡村全面振兴路径研究 [J]. 农业经济，2024(10)：122-124.

[62] 任晓玮. 数字经济赋能乡村振兴的时代价值、现实困境与实现路径 [J]. 湖北经济学院学报(人文社会科学版)，2024，21(10)：36-40.

[63] 李汇瑜. 新质生产力赋能乡村振兴战略的学理分析与实践路向 [J]. 智慧农业导刊，2024，4(20)：177-180.

[64] 徐慧敏. 新质生产力赋能乡村振兴的内在逻辑、现实挑战与发展路径 [J]. 智慧农业导刊，2024，4(20)：185-188.

[65] 成祖松. 科学技术人才赋能乡村振兴的实践探索——以安徽马鞍山市为

例 [J]. 现代化农业，2024(10)：75-77.

[66] 刘巧，马晓荣. 数字化技术助推乡村振兴的途径与实践研究 [J]. 农村经济与科学技术，2023，34(24)：149-152.

[67] 张俐，刘娜，曾慧. 全面推进乡村振兴战略的路径探索 [J]. 农村经济与科学技术，2023，34(24)：127-130.

[68] 郝茜. 山东省绿色金融支持乡村振兴路径研究 [J]. 山西农经，2023(24)：177-179.

[69] 周海军. 乡村振兴视域下的数字乡村建设 [J]. 文化产业，2023(36)：148-150.

[70] 王彤，张长江. 乡村振兴战略背景下推进农村现代化发展的策略探究 [J]. 山西农经，2023(24)：157-159.

[71] 邹志勇. 乡村振兴战略下闽侯农机化发展的思考 [J]. 福建农机，2023(04)：5-9，24.

[72] 张天杭，付宗驰，张锐利. 科学技术小院助力乡村振兴的调查研究 [J]. 新疆农垦科学技术，2023，46(06)：70-72.

[73] 刘佳琦. 新时代乡村产业振兴路径探究 [J]. 黑龙江粮食，2023(12)：106-108.

[74] 黄焕汉，陈美兰. 数字乡村建设赋能乡村振兴：内在机理、现实困境与推进策略——基于广西平南县的实践 [J]. 沿海企业与科学技术，2023，28(06)：95-104.

[75] 李红梅，张吉维. 科学技术赋能乡村生态产业：典型模式、现实挑战与路径选择 [J]. 科学管理研究，2023，41(06)：139-146.

[76] 李业明. 数字技术助力乡村振兴的学理逻辑与实践策略 [J]. 农业经济，2023(12)：40-42.

[77] 杨惠紫. 新时代乡村生态振兴的实践路径研究 [J]. 吕梁学院学报，2023，13(06)：44-47.

[78] 向鹏. 数字科学技术赋能乡村振兴 [J]. 高科学技术与产业化，2022，28(12)：26-29.

[79] 严华丽.新发展格局视阈下乡村振兴战略研究 [J].活力，2022(24)：90-92.

[80] 李欣欣，任兆昌.乡村振兴：农科高校应担当科学技术动力源 [J].农村经济与科学技术，2022，33(24)：256-259.

[81] 贺卫华，赵琭嘉.数字经济赋能乡村振兴：内在机理与实现路径 [J].石河子大学学报(哲学社会科学版)，2022，36(06)：14-21.

[82] 文丰安.人工智能助推乡村振兴发展的现状与路径探析 [J].江淮论坛，2022(06)：65-70.

[83] 王彤梅，郭丽云，张永芳.略论"互联网+教育"助力乡村人才振兴对策 [J].山西广播电视大学学报，2022，27(04)：7-11.

[84] 陈旭.泗县：机制体制激活力科学技术强农促振兴 [J].安徽科学技术，2022(12)：24-25.

[85] 张扬，张耀兰.推进农业农村科学技术现代化　持续促进农业农村高质量发展 [J].安徽科学技术，2022(12)：39-43.

[86] 张丽凤.驰而不息初心践　科学技术赋能产业兴——访河北省现代农业产业技术体系蛋肉鸡创新团队保定综合试验推广站站长许利军 [J].北方牧业，2022(24)：10-11.

[87] 陈艳梅，李雪妍，张小燕.科学技术转型共享智能新机遇 [J].企业管理，2022(12)：49-52.

[88] 卢一鸣.科学技术赋能企业发展数字化助推乡村振兴 [J].黑龙江金融，2022(S1)：37-38.

[89] 池东生.乡村振兴与农业企业的可持续发展措施研究 [J].山西农经，2021(24)：34-36.

[90] 刘茜妍.乡村振兴战略背景下加快农业科学技术发展的思考 [J].农业开发与装备，2021(12)：10-11.

[91] 吕灿雪，于艳丽，王国庆.宁夏科学技术助推乡村振兴的若干思考 [J].农业科学研究，2021，42(04)：65-69，78.

[92] 付小颖.河南省科学技术创新助力乡村振兴的对策及建议 [J].河南农

业，2021(36)：49-50.

[93] 黄晓. 如何以农业技术推广现代化助力乡村振兴 [J]. 农业工程技术，2021，41(36)：86-87.

[94] 周乐清，苗全亮. 加快农业转型升级 助力乡村全面振兴 [J]. 农业工程技术，2021，41(36)：100-101.

[95] 文向魁，范建春，范文婷. 乡村振兴战略下的普惠金融研究 [J]. 河北金融，2021(12)：25-28.

[96] 袁丽伟，闫平. 乡村振兴视域下"三农"工作队伍培育研究 [J]. 河北旅游职业学院学报，2021，26(04)：10-13.

[97] 洪嘉嘉，王爱云. 乡村振兴视域下的城乡融合发展 [J]. 农村经济与科学技术，2021，32(23)：269-271.

[98] 苏启. 乡村振兴中乡村产业发展规划的思考 [J]. 农村·农业·农民(B版)，2021(24)：22-23.

[99] 何求. 科学技术力量点亮乡村振兴路 [J]. 当代广西，2021(24)：42.

[100] 张巍. 科学技术创新推动乡村振兴发展的机制与路径研究 [J]. 现代农机，2021(06)：29-30.

[101] 高立志，王能晓，赵晓强. "互联网+"模式下乡村振兴道路探索 [J]. 山西农经，2020(24)：16-18.

[102] 张伟，马永鑫，孙建军，等. 乡村振兴背景下加快农业科学技术创新的思考 [J]. 农业科学技术管理，2020，39(06)：24-27.

[103] 李丽娜. 论乡村振兴战略下乡村文化产业的发展 [J]. 农业考古，2020(06)：255-258.

[104] 李秀莲. 关于实施乡村振兴战略的几点思考 [J]. 甘肃农业，2020(12)：16-19.

[105] 于浩，卢秋佳，魏远竹. 福建省科学技术创新支撑乡村振兴路径与突破口探析 [J]. 宁德师范学院学报(哲学社会科学版)，2020(04)：45-52，61.

[106] 杨武云. 依靠科学技术支撑引领乡村振兴 [J]. 民主与科学，2020

（06）：15-18.

[107] 吴寅恺. 脱贫攻坚和乡村振兴有效衔接中金融科学技术的作用及思考
[J]. 学术界，2020（12）：147-153.

[108] 何爱爱. 习近平关于新时代乡村振兴的重要论述 [J]. 福州党校学报，
2020（06）：5-9.

[109] 赖齐贤，李秋明，范日清. 规划引领助力乡村振兴的实践探索 [J].
浙江农业科学，2020，61（12）：2461-2465.

[110] 张吉立，郭莉. 科学技术创新驱动乡村振兴的方式探析 [J]. 河南农
业，2020（34）：16，20.

[111] 宋保胜，刘保国. 科学技术创新助推乡村振兴的有效供给与对接 [J].
甘肃社会科学，2020（06）：204-212.

[112] 刘海明. 因地制宜出实招　科学技术帮扶见实效 [J]. 北京观察，
2020（11）：34-35.

[113] 李群，冯永利. 科学技术助力脱贫攻坚与乡村振兴 [J]. 金融电子化，
2020（11）：60-61.

[114] 魏军，姜晓丽. 科学技术兴农　提速港城乡村振兴 [J]. 江苏农村经
济，2020（11）：66.

[115] 潘青仙，张鹏昊，吴瑛莉. 乡村数字化建设驱动乡村振兴 [J]. 现代
农机，2020（06）：13-15.

[116] 张亚平. 科学技术引领脱贫攻坚与乡村振兴有效衔接 [J]. 中国科学
院院刊，2020，35（10）：1211-1217.

[117] 秦健. 科学技术创新助力河南乡村振兴的路径选择 [J]. 农村·农
业·农民（B版），2020（20）：46-47.

[118]《广东科学技术》编辑部. 科学技术创新为乡村振兴添智助力 [J]. 广东
科学技术，2020，29（10）：7.

[119] 雷大刚，谭开叠. 依托"互联网+中医药"产业创新和兴旺　实现乡村
振兴战略 [J]. 商业文化，2020（29）：108-110.

[120] 何少波，冯小宝. 走产业发展之路　强乡村振兴之基 [J]. 湖南农业，

2020(10)：20.

[121] 邢鹏. 乡村振兴背景下完善农业科学技术推广机制研究 [J]. 农业经济，2020(10)：32-33.

[122] 刘心蕊. 新时代乡村治理体系现代化研究 [D]. 长春：吉林大学，2023.

[123] 韩开龙. 习近平关于乡村振兴战略重要论述研究 [D]. 南京：南京信息工程大学，2023.

[124] 王文东. 新时代中国共产党推进乡村振兴战略研究 [D]. 贵州：贵州师范大学，2023.

[125] 周书宇. 湖北省科学技术创新助力乡村产业高质量发展的实施路径 [D]. 武汉：武汉轻工大学，2023.

[126] 蒋蕊. 数字经济促进乡村振兴高质量发展研究 [D]. 重庆：重庆工商大学，2023.

[127] 何建华. 新时代乡村产业振兴基本经验研究 [D]. 重庆：西南大学，2023.

[128] 陈诗. 乡村振兴战略下乡村能人培育研究 [D]. 长春：吉林大学，2023.

[129] 陈立航. 科学技术人才服务乡村产业振兴研究 [D]. 长春：吉林大学，2023.

[130] 刘贺. 乡村振兴战略视域下乡村人才队伍建设研究 [D]. 沈阳：辽宁大学，2023.

[131] 方宇丰. 数字经济赋能乡村振兴的影响路径研究 [D]. 杭州：杭州电子科学技术大学，2023.

[132] 李武阳. 乡村振兴背景下农业科学技术创新对农业经济发展的影响因素研究 [D]. 石家庄：河北地质大学，2022.

[133] 蒋泽坤. 数字经济对乡村振兴影响研究 [D]. 石家庄：河北地质大学，2022.

[134] 王勤. 重庆市乡村产业振兴研究 [D]. 长春：吉林农业大学，2022.

［135］邢丹丹. 习近平关于乡村振兴战略重要论述研究［D］. 桂林：广西师范大学，2022.

［136］郭鑫. 乡村振兴视域下数字乡村建设研究［D］. 石家庄：河北师范大学，2022

［137］韩宁. 我国乡村振兴绿色发展道路探索研究［D］. 北京：中国地质大学，2021.

［138］方沁怡. 乡村振兴战略背景下产业振兴研究［D］. 杭州：浙江理工大学，2021.

［139］黄郁成. 城市化与乡村振兴［M］. 上海：上海人民出版社，2019.

［140］白雪秋. 乡村振兴与中国特色城乡融合发展［M］. 北京：国家行政学院出版社，2018.

［141］韩俊. 实施乡村振兴战略五十题［M］. 北京：人民出版社，2018.

［142］孙景淼. 乡村振兴战略［M］. 杭州：浙江人民出版社，2018.

［143］孔祥智. 乡村振兴的九个维度［M］. 广州：广东人民出版社，2018.

［144］李云才，刘卫平，陈许华. 中国农村现代化研究［M］. 长沙：湖南人民出版社，2004.

［145］尤元文，同利军. 乡村振兴战略与实践［M］. 北京：中共中央党校出版社，2018.

［146］《乡村振兴战略简明读本》编写组. 乡村振兴战略简明读本［M］. 北京：中国农业出版社，2018.

［147］张晓山. 乡村振兴战略［M］. 广州：广东经济出版社，2020.

［148］姜长云. 乡村振兴战略［M］. 北京：中国财政经济出版社，2020.

［149］刘汉成，夏亚华. 乡村振兴战略的理论与实践［M］. 北京：中国经济出版社，2019.

［150］李洪涛. 乡村振兴国际经验比较与启示［M］. 北京：中国农业出版社，2019.